人生の折り返し点を迎える
あなたに贈る25の言葉

佐々木常夫
Tsuneo Sasaki

講談社

人生の折り返し点を迎えるあなたに贈る25の言葉

装幀　岡孝治
写真　渡辺充俊

はじめに

日本の男性の平均寿命が初めて60歳を超えたのは、１９５１年のことです。

当時の定年が55歳。引退後、少しゆっくりしてお迎えが来るということでした。

ところが現在は寿命80歳。60歳で退職してもなお20年の時間があります。

そしていま50歳の人は、あと30年間あるのです。

20歳で働き出して、30年ですから、それと同じ時間がこれからまだ先にあるのです。

50歳といえば、会社の中ではベテランです。自分の実力がどれくらいで、何が得意で何が苦手か、これから社内でどれぐらいのポストにまでいけそうかは、おおよそ目星がついています。また「定年」というビジネスマン人生のゴールに向けたカウントダウンが、そろそろ始まる時期です。

ですから50代の10年間は、残された時間の中で自分はあと何をなすべきか、ビジネスマン人生の集大成ということを意識しながら、生きていくことがとても大切になります。

そして今まで生きてきたと同じ時間があるということは、後半生の人生に向けたスタート期にあたり、第二の人生についても、準備を始めなくてはいけません。

ビジネスマン人生の集大成の時期であり、後半生の人生のスタート期にもあたる50代。この二つの意味で重要な時期をどう生きるかで、人生全体の充実感や幸福感が大きく変わってきます。

私自身の50代を振り返ると、毎日を必死に生きるうちに10年間が過ぎていったという思いがしています。

50歳を迎えたとき、私は東レという会社のプラスチック事業部門の企画管理部長を務めていました。当時プラスチック事業ではグローバル化を推し進めており、私の部長在任中、わずか2年半の間にアメリカやフランス、中国、タイなどの国々に12もの工場を立ち上げました。私は毎月のように新規設備投資案件の発案書を書き、経営会議でプレゼンをおこない、海外出張に出かけていました。

そしてその頃、家庭では妻がうつ病を発症し、入退院を繰り返すようになりました。

三度も自殺未遂を図り、私は一時は妻の死を覚悟しました。

そうした中でも、会社の仕事は相変わらず多忙でした。私はプラスチック事業企画管理部のあと、大阪の繊維事業企画管理部への転勤を命じられ、その1年後には東京本社経営企画室の辞令を受け、再び東京に戻ります。そして56歳のときに取締役に就任します。

激動の生活に、ようやく終止符が打たれたのは、50代も終盤を迎えた頃のことです。私はわずか2年で取締役を外され、東レ経営研究所社長の辞令を受けます。実質上の左遷でした。それまでは「トップを目指そう」というぐらいの意気込みで働いてきましたから、当時はかなり強いショックを受けました。

同時に私は、激務から解放されました。左遷によって私のビジネスマン人生に一区切りがついたのは事実です。

しかしその後、妻のうつ病の症状が次第に快復へと向かっていったのです。

そして時間に余裕ができたこともあって、ひょんなことから本を出版する機会に巡り合い、依頼されるまま十数冊の本を書くことになりました。

幸い現在までで総計130万部を超えることになり、私の人生は大きく変わりました。

50代後半からは、いわばまったく新しい第二の人生のスタートでした。

私は今、自分の人生を振り返って、それなりの充実感を覚えています。

そして私がこうして落ち着いた気持ちでいられるのは、あの50代の10年間をしっかりと生きることができたからではないかと思います。

敬愛する作家の城山三郎さんは、「人生の持ち時間に大差はない。問題はいかに深く生きるか、である」という言葉を残しています。

これは丁度人生の折り返し地点に来た人たちにこそ贈りたい言葉です。50代の10年間は、誰にでも平等に与えられています。問題はその時間をいかに深く生きるかによって、人生全体の充実感や幸福感が大きく違ってくるということです。

城山さんは、さらに次のように綴《つづ》っています。

「深く生きた記憶をどれほど持ったかで、その人の人生は豊かなものにも、貧しいものにもなるし、深く生きるためには、ただ受け身なだけではなく、あえて挑むとか、打って出ることも、肝要となろう」

では50代は、人生を深く生きるために、どのようなことが求められるのでしょうか。本書はその問いに対する私なりの考えを述べたものです。もうすぐ50歳を迎えようとしている「山本さん」という架空の年下の友人に向けて、私が手紙を書くという形式で筆を進めました。私の率直な気持ちを込めた手紙が、皆さんに届くことを願っています。

本書が皆さんのこれからの生き方に少しでも役立つことができれば、私にとって大きな喜びです。

佐々木常夫

目次

人生の折り返し点を迎えるあなたに贈る25の言葉

【1通めの手紙】

50歳は
人生の折り返し点
考えなくてはいけないことが
たくさんある

山本さん、先日はあなたとゆっくりとお話をすることができて、とても楽しい時間を過ごせました。私が退職してからも、何度か顔を合わせる機会はありましたが、ふたりきりでお酒を酌み交わしたのは、思えば久方ぶりのことでした。

先日の食事のときにはお会いすることはできませんでしたが、奥さまの由紀さんもお元気とのことで何よりです。あなたの口ぶりから、新婚のとき同様、夫婦仲良く暮らしている様子が伝わってきて、私はとてもうれしかったですよ。何しろ私は、あなたたち夫婦の仲人ですからね。

あなたと由紀さんは職場結婚でした。そして当時私は、ふたりの直属の上司でした。あなた方が、まだ周囲には交際していることを内密にしていたときから、私にだけはいろいろと相談してくれていましたね。ふたりが一度は結婚をあきらめかけたときのことも私はよく知っていましたから、無事結婚式を迎えることができたときは本当に嬉しかった。

またあなたが40歳になって課長になったばかりの頃には、私にいろいろ聞きたいことがあったのか、よく飲みに誘ってきましたね。あの頃のあなたは、初めて部下を指導する立場に立ったことで、戸惑いや不安を感じているようでした。けれども持ち前の誠実さで、一つひとつ壁を乗り越えて、部下から信頼される頼もしいリーダーへと育っていきました。

私は、同じ職場で一緒に働いた元上司として、また仲人を務めた人生の先輩として、あなたが成長していく姿を、若い頃の自分に重ね合わせるようにしながら見ていました。

そんなあなたが、まもなく50歳になろうとしているのですね。今49歳ということは、定年まであと11年。再雇用制度を使って、65歳まで働くとしてもあと16年ですね。これからの10年、15年は、本当にあっという間ですよ。

あなたは「ビジネスマン人生の先が既に見えてしまったような、まだ見えていないような……」と口にしていましたが、まさしく50歳というのは、そういう微妙な年齢です。

社内の同年代の人たちと自分とを比べてみれば、これから会社の中でどれぐらい出世ができそうかは、自分でもおおよその見当はついてくるものです。あなたも「自分が飛び抜けて優秀な人間ではないことはわかっている。たぶん役員にはなれないだろう」と言っていましたね。けれども「それでもあきらめずに、自分の力でどこまでできるか試してみたい」とも話していました。その気持ちはとても大切です。

というのは、「自分でもおおよその見当はついてくるもの」ではあるのですが、その一方で「まだまだ見当をつけるのは早すぎる」というのも、50歳という年齢だからです。

50歳の時点では、同期のトップと比べれば出世が遅れ気味であったのに、そこから巻き返して、最終的には役員になった人を私は何人か知っています。サラリーマンの昇進は、たまたま自分が担当している領域のポストに空きがあるかないかとか、自分のことを評価してくれる直属の上司がいるかいないかといった「実力以外の要素」に左右される部分が少なからずあります。

だからサラリーマンの最終到達地点なんて、わからないものです。会社の状況や上司との関係が少し変わるだけで、その人のビジネスマン人生は大きく変わってしまいます。

ですからあなたも自分の可能性には、絶対に見切りをつけてはいけません。もちろんビジネスマン人生の終盤戦であることは間違いありませんから、野球で言えば7点や8

点もある差を逆転するのは難しいかもしれません。そういう意味では、ある程度先が見えています。しかし3、4点差であれば、ゲームの流れ次第ではまだチャンスがあるのです。

ただしもっと大切なことは、出世できるかどうかではありません。たとえ出世ができなかったとしても、最後まで手を抜かずにビジネスマン人生を全うすることは、自分自身に納得感や達成感をもたらします。

私は駅伝が好きで、お正月の箱根大学駅伝は欠かさずテレビで見ているのですが、ゴールのテープを切るときに、ガッツポーズをするのは優勝した大学の選手だけではありませんね。箱根駅伝の場合、10位までに入った大学はシード校として翌年の大会の出場権を得ることができ、予選を免除されます。だからシード校になることを目標にして練習に励んできたチームは、その目標をクリアできたときには、喜びを爆発させます。またシード校になれなかったとしても、自分たちのチームの目標タイムを超えることができた大学の選手たちも、やはり充実感と達成感でいっぱいの表情をしています。

彼らは人と比べて勝ったか負けたかではなく、自分自身と戦っているのです。

ビジネスマンも同じです。私たちが求めたいのは、出世できたかどうかではなく、自分のビジネスマン人生をきちんとやりきることができたという納得感です。「もっと本気になれば、もう少し速いタイムで走れたかもしれないのに」という悔いを残しながら、40年近いビジネスマン人生に幕を下ろしたくないものです。ゴールが少しずつ近づきつつあるからこそ、ここで手を抜きたくはありません。あなたが「自分の力で、どこまでできるか試してみたい」と話していたのも、そういう意味だと思います。

ただ私たちの人生が、お正月の箱根駅伝を走る学生と違って難しいのは、仕事のみに専心できないことです。

いくら仕事が大切だからといっても、この歳にもなって個人の生活や家庭を顧みずに仕事のみに没頭するのは、避けたいことですし、またしてはいけないことです。

確かあなたには、高校2年生の息子さんと、中学2年生の娘さんのふたりのお子さんがいましたね。さすがに中高生にもなれば、勉強や部活も忙しいでしょうし、友達同士での付き合いが多くなりますから、親と子どもが接する時間は以前よりは減るでしょう。

けれども子どもが思春期を迎えて、進路や人間関係などに悩んだときに、父親が果たす役割はより大きくなります。あなたのちょっとしたひと言が、子どもの人生観や価値観の形成に大きな影響をもたらします。子どもが、自分の生き方に迷っているときに、あなたのひと言が道しるべとなって、その子の道が開けてくるかもしれません。

その「ちょっとしたひと言」が言えるようになるためには、子どもたちが今何をしていて、何に興味をもち、何に悩んでいるか、日頃から父親として強い関心を持って、子どもの様子に目配りする必要があります。

また奥さんとの関係も大事です。あなたの家庭はそんな心配はないのかもしれませんが、せっかく何十年も一緒に暮らしてきたのに、心が離れるようなことになるのは避けたいですね。

さらに人によっては親の介護の問題とも、そろそろ真剣に向きあわなくてはいけない時期になります。

そして50歳という年齢は、もう一つ考えなくてはいけないことが加わります。それは人生の折り返し点を迎え、自分自身の第二の人生をどう生きるかを考え、その準備を始めておくということです。

日本の男性の平均寿命は80歳ですから、60歳で定年退職を迎えたとして、まだ20年も残っています。20年もあれば、それまでの会社の仕事以外にも何かもう一つ、別な花を咲かせることができます。

でも60歳になってから「どんな花を咲かせようか」と考えても、ちょっと遅すぎます。花は、種を蒔いたからといってすぐに咲くわけではありませんからね。今のうちからよく考え、準備をするからこそ、60歳になったときにスムーズに第二の人生に入っていけます。

場合によっては、自分が第二の人生でやりたいことを実現するために、会社員としての人生を少し前倒しで終わらせる必要も出てきます。

私にはふたりの弟がいますが、そのうちのひとりは、勤めていた通信機器の会社を早期退職して、57歳のときに自分の会社を興しました。彼は海外経験が豊富だったので、海外の事情に精通していることと、通信関係の知識を活かしたビジネスを始めることにしたのです。けっして大きな会社ではありませんが、それなりに事業は順調に進んでいるようです。

彼としては、このまま一介のサラリーマンとして宮仕えのままの人生を終えるよりは、経営者として仕事をしてみたいという思いが強かったんでしょうね。けれども60歳で定年を迎えてから起業の準備をするとなると、残された時間がやや心許ない。そこでちょっと早めに行動に移したということです。

こんなふうに50代という年代は、やらなくてはいけないことや、考えなくてはいけないことがたくさんあります。会社から与えられる仕事の量は40代のときよりも減るかもしれませんが、ある意味相当頭を使う忙しい時期と言えるかもしれません。

でもこの時期をいろいろな問題から目を背けずにきちんと乗り切ることができると、そのあとの人生が本当に充実したものになりますよ。これは私自身の経験から、自信を持って言えることです。

あなたよりも少しだけ早く50代を経験した人生の先輩として、50歳からの生き方についてのアドバイスを、これから手紙で、あなたに伝えていきたいと思います。折に触れて、読み返してもらえると嬉しいです。

【2通めの手紙】

「五十にして惑わず」を目指そう

孔子は『論語』の中で、「四十にして惑わず。五十にして天命を知る」と述べています。

山本さんは、「私なんか50歳を目前にして天命を知るどころか、いまだに迷ってばかりです」と話していましたね。それは誰だってそうですよ。50歳で天命がわかっている人なんて、今の世の中にはほとんどいません。

孔子が生きた時代は、今から2500年前のことですが、ある記録によると、当時は半数が35歳までで亡くなり、半数が50歳まで生きたとあります。そういう時代であれば、40歳にして「惑わず」くらいのレベルに達していないと、誰もが迷ったまま死んでしまうことになります。また50歳にもなれば、平均寿命を大きく超えているわけですから、「天命を知る」というレベルに達することができたとしても、「なるほど、まあそうだろうな」という気がします。

そういう意味では、孔子のこの言葉を、現代人が自分の年齢にそのまま当てはめて解釈するのは、いささか無理があるといえます。

ただもし50歳の時点で、「天命を知る」ところまではいかなくても、少なくとも「惑わず」という境地に至ることができたなら、その後の人生は間違いなく行動や判断に無駄やブレがなくなります。

私自身は50代に入ったあたりから、だんだんと迷わなくなっていきました。50代にもなれば、物事を判断するときに必要となる知識もある程度蓄えられていますし、また自分が何を大切にするかという価値観もおおよそ明確になっています。すると判断や決断が速くなりますし、自分らしくないことを言ったりやったりしてしまうということもなくなります。私にとって40代まではまだ勉強の時期でしたが、50代は自分なりの人生観・生き方を確立できた時代といえます。「50代から、本当の意味での自分の人生が始まった」という感じさえしたのです。

私はこれまで、ビジネスパーソンや人としての生き方あり方について述べた本を何冊か書いてきましたが、これらはすべて60歳過ぎてから出版したものです。50代のときに自分なりの価値観を確立できたから、60代のときに本が書けたのです。もし40代の時点でそういう類いの本を書こうとしても、当時の私は「迷いのさなか」にありましたから、とても無理だったでしょう。

ではどうすれば私たちは、「四十にして惑わず」ならぬ「五十にして惑わず」という心境に達することができるのでしょうか。それにはあるコツがあります。自分がこれまで歩んできた人生を振り返って、しっかりと棚卸ししてみることです。

人生のターニングポイントになった出来事をいくつかピックアップしてみて、そのとき自分は何を考えて、なぜそういう判断を下したのかを分析してみます。またこれまでに感動した本や映画を洗い出し、自分はどんなことに心を揺さぶられる人間なのかを考えてみるのです。つまり「己を知る」という作業をしてみるわけです。

人生の迷いの多くは、己を知らないことに起因しています。自分の性格や、資質、価値観を正確に把握していれば、それほど物事に迷うようなことはなくなります。己をよく知らないから、自分らしくないことを言ったりしたりしてしまうわけです。

そういえば山本さんは、会社のリフレッシュ研修はもう受けられましたか。私も48歳の年に受けました。この研修は50代以降のキャリアの積み上げ方や、退職後のライフプランの立て方などを学ぶというもので、ユニークかつ役に立つものでした。

私のときにはその研修の中に、１００問程度の設問に答えることで、自分の性格を知るという性格判断テストが組み込まれていました。ただしテストの結果はすぐには教えてもらえません。５人１組でチームを組んでテストを受けるのですが、チームには５人分の結果がシートで返ってきて、そのうちのどれが自分の性格を分析したものかを当てるゲームをするのです。

ところが受講者のうち、何と半分もの人が、自分の性格を分析したシートを当てることができなかったのです。他人の性格を分析したシートを、自分の性格を分析したシートだと誤って判断したわけです。

これは「いかに、自分のことをよくわかっていないか」を如実に示すものでした。５つの分析シートの中から、五者択一で自分のシートを当てればいいわけですから、選択肢は限られています。また他人と自分とでは、性格も好みも考えも大きく異なるものですから、本来であればそれほど難しい問題ではありません。ところが正解にならないのです。

これは考えてみたら怖いことですよ。自分のことをよく知らないまま、人生の重要な選択をいくつもおこなっているということになるわけですからね。また自分という身近な存在を理解できていない人が、他人を理解することも難しいことになります。こういうことでは「五十にして惑わず」という境地に達するのは不可能です。

自分を棚卸しするうえで効果的なのは、自分の考えや目標を書いてみることと、その書いたものを読み返してみることです。

私自身40代の初め頃からは、毎年年始に「年頭所感」というものを書くことにしていました。これからの1年間の自分の重点目標を考え、何をするかをA4の紙1枚に書き出すのです。

また本や雑誌を読んでいるときに、共感できる言葉と出会ったときには、その言葉を手帳にメモするようにしていました。例えばある年の手帳には、イギリスの首相として国を率いてナチス・ドイツと戦ったウィンストン・チャーチルの「悲観主義者はどんな機会を与えられても困難を見つけ、楽観主義者はどんな難しい状況でも機会を見つける」という言葉が書き留められています。

こうした年頭所感や手帳に書いたものを読み返すと、自分の性格や価値観、生き方や考え方がよく見えてきます。私は自分のことを生来の明るい性格だと思っていますが、でもこの性格のうち半分は、私自身の意志で後天的に作り上げたような気がします。私がチャーチルの「楽観主義者はどんな難しい状況でも機会を見つける」という言葉に惹かれたのは、常に私自身も「いろいろと人生は苦しいことやつらいことがあるけれども、できるだけ物事は楽観的に考える」ことを心がけようとしていたからなのです。

ですから書いたものを読み返すと、自分というものが本当によく見えてきて、面白いものです。

山本さんは、このような書く習慣はあるのでしょうか。もしないのなら、今からでも遅くはありません。考えたこと、感じたことをノートに書き留めるようにしてみてください。そしてそれを時々読み返してください。

ノートに書き出された言葉は、自分自身を映し出す鏡のような役割を果たしてくれます。

【3通めの手紙】

50歳からの「中ぐらいの野心のすすめ」

もしあなたがこれからの後半生を充実したものにしたいのであれば、50歳になるのを前にして、もう一度次の人生の目標を立てることをオススメします。言い換えれば野心を持つのです。なぜなら人は、「自分はこうなりたい」と思った以上のものにはなれないからです。目標らしい目標を持たずに、毎日を漠然と生きているだけでは、何かを成し遂げることはできません。しかし若いときと違って「野心」でも「中ぐらいの野心」です。

作家の林真理子さんが書いた『野心のすすめ』という本があります。その本の中で林さんは、人は野心を持つことで、難しいこと＝高い目標にチャレンジすることになり、それが成功につながると書いています。彼女の場合は、「一流の物書きになる」という高い目標を持っていたからこそ自分を鼓舞し、著名な作家になることができたというのです。

50歳を前にして目標を立てること（野心を持つこと）のメリットは、経験を重ねているぶん、自分の能力や資質、強みや弱みがよくわかっているということです。若いときとは違って、方向を間違ったり、どう考えても実現不可能な目標を設定するといったことがなくなります。

50歳にもなれば、誰しも何らかのジャンルでプロになっているものです。研究者や技術者だけではありません。私はサラリーマン時代はいろいろな部署を経験しましたが、それでも専門は企画と管理です。また赤字事業を黒字に転換する仕事に何度も携わったこともあり、「自分は赤字事業を黒字にできるプロである」という自負を持っていました。

山本さんにだって、「これだったら誰にも負けない」という得意ジャンルがきっとあるはずです。私は先日の手紙で、人生の棚卸しをすることの大切さを言いましたが、40代までに経験したことや、培ってきた知識、技能を棚卸しによって総点検します。そして「自分だからこそできること」や「やるべきこと」を整理したうえで、目標を設定するのです。

ちなみにこうした目標は、仕事に関するものでも、仕事以外のものでもかまいません。「仕事に関する目標」と「プライベートに関する目標」をどちらも設定するというのもよいでしょう。

シンガーソングライターの小椋佳さんは、都市銀行の銀行員として働きながら音楽活動をしていました。銀行員としては支店長や本店財務サービス部長を務め、シンガーソングライターとしては数々の名曲を世に送り出してきました。ちなみに小椋さんのヒット曲の多くは、銀行の仕事がもっとも忙しかった時期に作ったものだったそうです。仕事が忙しいときほど、気力がみなぎっていって、創作活動も充実していたということなのでしょうね。彼は銀行での仕事も音楽活動も、どちらも執着し結果を出したのです。

そして彼は50歳を前にして銀行を退職し、東京大学に学士入学します。まさに50歳を人生の転機として、新しい目標を定めたわけです。

目標を定めて、物事に取り組んでいくときには、スティーブン・R・コヴィー博士の『7つの習慣』という本が参考になります。これは文字通りコヴィー博士が、人生において成功や幸福を手に入れるうえで必要となる「7つの習慣」を説いたものなのですが、このうち最初の第1から第3までが個人（プライベート）の習慣で、第4から第6までが組織（チーム）の習慣です。最初に個人の習慣について書きますね。

まず第1の習慣は「主体的である」です。自ら主体的に動こうとせず、いつも周囲に流されてばかりだったり、状況が変わるのをただ受け身で待っているだけだったりというのでは、すべてはなりゆき次第、他人次第ということになります。主体的になること、いわば当事者意識をもって、自分の人生を自分で切り拓いていくのです。

次の第2の習慣は「終わりを思い描くことから始める」です。第1の習慣によって主体的に生きることができるようになったら、次は何に向かって主体性を働かせていくのかゴール（目標）を定める必要があります。たとえばトップアスリートが厳しい練習に主体的に取り組むことができるのは、「オリンピックに出場する」という大きな目標があるからです。

コヴィー博士は、目標を定めるときには「人生の終わりを思い描くことから始めなさい」と言います。自分はどんなふうに人生の最後を迎えたいか、最後を迎えるときにはどんな人物になっていたいかをイメージすると、「人生の中でこれだけは実現したい」という目標が明確になるというのです。

そして第3の習慣は「最優先事項を優先する」です。第2の習慣によって目標を定めたら、今度はその目標を確実に実現できるように、最優先事項を優先することで、自分が真にやるべきことに、時間とエネルギーを割かなければいけないとコヴィー博士は言います。

私たちは雑事に忙殺されているうちに、一番大切な目標を後回しにしてしまうことがよくあります。なぜなら大切なことほど、「いつかはやらなくてはいけないが、今やらなくてもいいもの」が多いからです。しかし後回しにしていたら、いつまで経っても目標を達成することはできません。だから最優先事項を優先することを、常に意識する必要があります。

この『7つの習慣』に関する私の説明の内容を聞いて、もしかしたらあなたは『7つの習慣』というのは、ずいぶん当たり前のことを言っているのだな」と感じられたかもしれません。

というのは、仕事ができる人というのは、それぞれ仕事の場面においては第1の習慣から第3の習慣までをいつも実践しているものだからです。

ところがここにひとつ問題があります。おそらく多くの人は、会社から与えられた仕事については、第1の習慣から第3の習慣までをかなり実践できているのではないかと思われます。ところが仕事以外の自分の人生となると、主体的でもなければ、目標も持っておらず、流れに流され、漫然と生きている人が多いように思うのです。事実、「あなたの人生の目標は何ですか」と聞かれたときに、いったい何人の人が明確に答えることができるでしょうか。

山本さん自身は、「あなたの仕事以外の人生の目標は何ですか」という問いに、答えを持っているでしょうか。もし持っていないのでしたら、今からでも目標を立てることが大事です。

もうすぐ50歳だといっても、まだまだ人生は長いです。会社に在籍している間は、会社がいろいろとミッションをあなたに与えてくれますが、定年退職をしたあとは、自分のミッションは自分で作らなくてはなりません。そうしないままに退職をしてしまうと、毎日やることもなくテレビを見たり新聞を読んだりしながら時間を潰すような、なんともさびしい老後を送るようなことになりかねません。

だから今この時点で、自分の人生の棚卸しをし、自分の能力や資質を把握したうえで目標を再設定し、（中ぐらいの）野心を持ってそれに取り組むことを、ぜひ実践してほしい。自分の人生を自分自身のものとして生きることを、大切にしてほしいのです。

【4通めの手紙】

子どもはかけがえのない存在
付き合いは真摯に
少し距離をおいて

中学2年生の娘さんのことで悩んでいるそうですね。どうやら学校で、いじめに遭っているらしいと……。

最初に気づかれたのは奥さまだったとか。最近学校や友達の話をしなくなり、朝学校に行きたがらないことが増えたので、「おかしいな」と感じた奥さまが娘さんに訊ねてみたところ、重い口を開いて、いじめに遭っていることを教えてくれたそうですね。いじめはもう3ヵ月も続いているのですね。

あなたは「なんでもっと早く話してくれなかったんだろう」とこぼしていましたが、それは無理からぬことです。いじめは、子どもから自尊心を奪います。いじめっ子たちから否定的な言葉を浴びせられるたびに、子どもは自信をなくしていきます。「そんなみじめな姿を親には見せたくない。親を、心配させたりしたくない」と子どもが思うのは、ごく自然のことです。

ですから娘さんには、「話してくれてありがとう。これまでひとりで悩みを抱え込んでいて、つらかっただろうね」と、言葉をかけてあげてください。

そしてたとえ学校でいじめっ子からどんなにひどい扱いを受けたとしても、あなたの人間としての尊厳は少しも損なわれないこと。自分たちはあなたの素敵な性格を知っているし、愛していること。どんなことがあってもあなたを守ることを娘さんに伝えてあげてください。

あとは娘さんには、安易に「がんばれ」という言葉をかけないことです。

いじめられている子どもは、既に十分にがんばっています。しかしどんなにひとりでがんばったとしても、いじめられている子がひとりで問題を解決するのは困難です。

むしろ「無理にここに踏みとどまってがんばる必要はないんだよ。逃げたっていいんだよ」ということを言ってあげてもいい。がんばったほうがいいのは、がんばることによって道が切り拓ける可能性があるときだけです。ひどくつらい思いをしてまで、その学校にとどまる必要はありません。別の学校に転校すれば、また違う学校生活が待っているかもしれませんから。


それにしても、この件では、あなたはずいぶんと反省しておられましたね。

何しろ奥さまから知らされるまで、娘さんがいじめに遭っていることにまったく気づかなかったわけですからね。「ここ最近は仕事が忙しく、子どものことは妻に任せっきりでした。私は父親失格ですね」と。

しかし、父親としての出番はここからですよ。娘さんのいじめを解決するためには、これから学校に相談に行かなくてはいけません。私も長男が中学校でいじめに遭っていたときに経験したことですが、学校や先生によってはクラスでいじめが起きていることを認めたがらなかったり、本腰を入れていじめの解決に取り組もうとしなかったりします。こんなときこそ、あなたが会社の仕事で培ってきた問題解決力や行動力が活かされるときです。

私の長男がいじめられていたケースでは、担任の若い女性の先生が事態を解決できそうになかったし、私が子どもたちと話をさせてほしいと頼んでも許してもらえなかった。そこで私はクラスのリーダーの子に「家に来てほしい」と頼みました。全員ではなかったですが、20人ほどの生徒たちが自宅に来ました。長男は、自閉症でありちょっとしたことで怖がるのでそれが面白くていじめになっていったようです。私は自閉症という障害がどのようなものなのかということと、「世の中にはさまざまな障害やハンディを持った人たちがいる。君たち健常な子どもたちは、そういう人たちをサポートする義務がある」という話を彼らに伝えました。質問も出たりして2時間半ほどかかりましたが、次の日からいじめは消えていきました。いじめをしていたのはごく少数の子どもで、他の子どもたちは傍観していたようです。その傍観していた子どもたちが止めに入ったようでした。

とはいえ実は私も、けっしてこんなふうに偉そうにあなたに説教ができるような立場にはありません。自分の子どもたちのことをいつもきちんと見つめることができていたかというと、それほど自信はないです。「あのときもっとああしておけば良かった」と、反省すべきことがたくさんあります。

もっと早く気づいて手を差し伸べるべきだったのに、あなたと同じように、当時の私も会社での激務に追われ、子どものことまで頭が回らなかったのです。

けれども親にとって子どもは、かけがえのない存在です。どれほど忙しくても、自分が仕事でいろいろな問題を抱えているときでも、子どものことは目配りをしていないといけません。子どもはいろいろシグナルを送っているものです。

自戒を込めて、そう思います。

【5通めの手紙】

地域とのつながりは、自分から一歩を踏み出そう

先日は金沢のおみやげの和菓子をどうもありがとう。家族でおいしくいただきました。連休を利用しての久し振りの里帰りでしたか、お母様もさぞかし喜ばれたことでしょう。

たまに故郷に帰ると、まだまだ田舎はコミュニティが生きているなと感じます。私は秋田の出身ですが、時々地元に戻って通りを歩いていると、「おはようございます。今日は天気がいいですね」「道に迷われましたか。何かお探しですか」といったように、町の人が親しく声をかけてきます。何気ない挨拶の言葉を交わすだけでも、温かい気持ちになります。都会ではなかなかないことです。

もちろん、あなたも地方の出身者だからわかると思いますが、田舎には人間関係が濃密だからこそのわずらわしさもあります。官庁に勤めている私の知人が、地方勤務になったときのことです。日曜日に地元のデパートでスーツを購入したところ、次の日には「昨日あそこでスーツを買っていましたね」と言われ、職場の2次会でカラオケに行ったら、その場にはいなかった人から翌日に「昨夜は森進一の歌を歌ったそうですね」と言われたそうです。そういうことがありますから、田舎ではプライベートの生活は半分なくなります。

戦後、日本人の多くは、都会に出てきて縛りやしがらみのない自由を経験し、そういった気楽さに慣れました。確かに都会は人も多く、他人のことに干渉しないし、気にもしないという意味では自由です。でも一方で、街ですれ違ったときに挨拶もしない、隣に住んでいる人のことも知らないというのはさびしいことですね。私はある意味不自然なことだと思います。人は群れる生き物です。

人は、あんまり人間関係が濃密だとわずらわしさを感じ、かといって人間関係が希薄すぎるとさびしさを感じてしまいます。わずらわしさもさびしさも感じなくて済むような「ほどよい関係」を、自分が住む街の人たちと作れることが理想的だと思います。

こんな話から始めたのは、先日あなたが「自分は会社の仕事ばかりの生活を送ってきたので、地域に知り合いがひとりもいない。定年後のことを考えると、今のうちから地域とのつながりを深める活動を始めようと思う」と話していたのを思い出したからです。

具体的にはボランティア活動を考えているそうですが、大いに結構です。けれどもボランティア活動よりも、もっと身近なところからできることがあります。身近な人たちと親しくなることです。

私が今住んでいるマンションに越してきたのは、2年ほど前のことです（マンションといっても、6階建て世帯数9戸のこぢんまりとしたものですが……）。私たちの部屋は、以前はSさんという方が住んでいたのですが、部屋を購入するときに「このマンションには、ほかにどんな方が住んでいるのですか」と訊ねたところ、「近所づきあいはいっさいしてこなかったのでわからないです」という返事が返ってきました。Sさん家族だけでなく、マンション自体、住民同士のつきあいはあまりないようでした。

引っ越してからしばらくしたある日のこと、私が外出先から戻ってくると、マンションの前の坂道でおばあさんが、大きな買い物袋を抱えながら歩いている姿を見かけました（あとから年齢を伺ったところ88歳とのことでした）。私は荷物を2階の部屋まで持っていってあげました。

おばあさんはひとり暮らしと言うので、「私は1階に住んでいるので、今度遊びに来てください」と話したところ、喜んで遊びに来てくれました。

おばあさんには、お姉さんと3人の姪御さんがいるのですが、とはいえひとり暮らしだと不安も多いと思います。私がおばあさんに「何かあったら私のところに電話をしてください」と、家の電話番号を紙に書いて渡したところ、とても喜んでくれました。それからはそのおばあさんとは会ったら立ち話をしたり、何かにつけ行き来するようになりました。

また先日は、4階に住む女性の方とも会ったときに世間話やお互いの家庭の話をしているうちに、「今度ちょっと家に遊びに来ませんか」と、向こうのほうから声をかけてくれたのです。私は娘を連れて、彼女の家を訪ねましたが、そのあと彼女のホームパーティにも呼ばれ、付き合う人がさらに増えました。

そんなふうに少しずつ隣近所の人たちとつながりができつつあるのです。

先日、夜中に救急車がマンションの前に止まったことがありました。誰か、急病になった人が運ばれていった様子でした。

あのおばあさんのことが心配になりました。いくら元気とはいえ、もう88歳ですから、何が起きるかわかりません。朝になって電話をかけたところ、「私は大丈夫です。骨折もしていませんよ」という明るい声が返ってきました。「骨折もしていませんよ」

というのは、去年私が不注意から右足を骨折して、救急車で病院に運ばれたという話を知っているからです。彼女の元気な声を聞いて、ほっとしました。

「遠くの親戚より近くの他人」という言葉がありますが、本当にその通りです。自分や家族のことを普段から気遣ってくれ、困ったときには助けてくれる人が近所にいるというのは、やはり安心できるものです。

そしてそういう関係は、都会であっても、自分から挨拶したり、相談に乗ったりすることで可能です。

その心がけとは、自分のほうから勇気を持って一歩を踏み出して、声をかけることです。山本さんも、通りで近所の方と出会われたときには、挨拶ぐらいはされるでしょう。けれども挨拶で済ませるのではなく、もう一歩踏み込んで話をしてみます。隣の住人が高齢のひとり暮らしの方だったら、「何か困ったことがあったときには、お手伝いしますよ」と、ひと言かけるのです。

すると、たいていの人は喜んでくれるものです。あなたが周りの人たちとの「ほどよい関係」を求めているのと同じように、隣近所の人たちもあなたとの「ほどよい関係」

を求めているものですからね。

ただみんなちょっと遠慮したり、お節介焼きと思われたりするのがイヤなものだから、なかなか一歩を踏み出さないのです。

地域の人たちとつながるのは、それほど難しいことではありません。ちょっとだけ勇気を持って、自分のほうから一歩踏み出してみる。

そういうことで自分が住む街の人たちとの関係が、少しずつ変わっていきます。

【6通めの手紙】

50歳からの人生はスタンスを変えよう

「タイムマネジメントとは、時間を管理することではない。仕事を管理することである。もっとも重要なものは何かを正しく摑むことである」

こんなことを書くと、私とのつきあいが長い山本さんはきっと、「ああ、またか」と苦笑いをされることでしょうね。あなたがまだ若手社員だった頃、当時上司であった私が反復連打、毎日のように言ってきた言葉ですから。

タイムマネジメントというと、多くの人は自分が抱えている仕事をいかに効率的に仕上げるかということを考えます。けれども効率化の前にしなくてはいけないのは、仕事の軽重を判断することです。

仕事には「重要な仕事」と「重要ではない仕事」があります。この比率は私の経験で言えばだいたい2対8です。

経済学の用語にパレートの法則というのがあります。これは「会社の売り上げの8割は、すべての顧客のうちの2割によって賄われている」といった、経済活動の多くが「2対8の法則」で成り立っているというものですが、これをもじって私は「仕事のパレートの法則」と呼んでいます。その人が抱えている仕事のうち重要な2割の仕事を達成すれば、その人の仕事の8割が達成される。

だから極端な言い方をすれば、

「重要な2割のために、重要ではない残り8割は捨てたっていい。8割のうちのどうしても捨てきれない仕事、重要度は低いけれどもやらなくてはいけない仕事については、拙速にすること」

そんなふうに私は、あなたたち部下に話していたものです。

この「重要な仕事」と「重要ではない仕事」の選別をしないままに効率化を図ろうとしても、「まったく重要ではない仕事を、最大の効率でこなしていく」というナンセンスなことをやってしまうことになります。一方で次々と押し寄せる新しい仕事をこなしきれなくなって、「本来は時間をかけてじっくりと取り組むべき重要な仕事を、中途半端に終わらせてしまう」といったことが起きるわけです。

さて「タイムマネジメントとは、もっとも重要なものは何かを正しく摑むことである」という考え方が大切なのは、仕事のマネジメントをするときだけではありません。自分の人生をマネジメントしていくときにも、同じように重要です。

多くの男性は、40代の半ばぐらいまでは会社の仕事を中心とした生活を送っています。人生の一番の関心事は、会社の仕事でしょう。あなた方の世代（１９６０年代生まれ）は、私たちの世代（１９４０年代生まれ）と比べれば、「仕事だけではなく、プライベートも大事にしたい」という志向が強いとは思いますが、それでも組織の中核で働いていれば、仕事が人生の中心になるものです。もちろん家族は大切だけれども、会社で何か問題が発生したときには、家庭よりも会社のほうを優先します。

しかし、50歳という年代は会社の仕事以外にも軸足を移していく時期となります。地域との関わりとか、家族のつながりをもう一度強いものにしておくとか、定年後に備えて、今から準備しておかなくてはいけないことがたくさんあります。

また今の会社を定年退職したあとも、あなたは何らかのかたちで働き続けるつもりかもしれません。今の会社に再雇用されるか、ほかの会社に再就職するか、それとも自分で何かを始めるか……。いずれにしても、今とは仕事の内容も働き方も変わってきます。ですから自分が60歳以降どのような考え方でどう生きていくのか、50代のうちからしっかりと方向を決めておかなくてはいけません。

そう考えると、50代はいろいろ考えることが多い年代といえます。

会社の仕事に余力を見出し、仕事以外のことに時間をシフトしていきます。「自分にとってもっとも重要な仕事は何か」を正しく摑んで、それ以外の仕事は捨てるなり、部下に任せます。長時間労働なんてもってのほかです。

そしてプライベートな時間を確保したら、今度はそのプライベートなことの中で、「もっとも重要なものは何か」を正しく摑みます。

あなたもさまざまなところからお誘いがあるでしょう。同僚や取引先、学校時代の友人、パーティ、ゴルフ、冠婚葬祭関係……。また同窓会もあります。こうしたお誘いにスケジュールが空いているからといって全部付き合っていたら、あっという間に時間はなくなってしまいます。

ですから、いろいろあるなかで自分にとって「もっとも重要なものは何か」を正しく選択し、自分にとってそれほど大切ではないお誘いや行事は、捨てていく必要があります。

捨てるわけですからこれは勇気がいることです。

スケジュールが一杯だと充足感を覚えますが、その充足感は、見せかけのものです。

もっとも大切なものに自分の時間とエネルギーを注ぎ込むことができてこそ、私たちの人生は本当の意味で充実したものになるからです。

だから勇気を持って、重要ではないものは捨ててください。義理も時々欠いてくださ い。そしてスケジュールに余裕を持たせ、その空いた時間を自分にとってもっと価値のあることに当てていくのです。

友人や知人からのせっかくのお誘いをお断りするときには申し訳ない気持ちになるものですが、そのぶん友人が悩んでいるときや困っているなどの本当に大切な場面で、とことんつきあってあげる時間を作ればいいのです。


私たちに与えられている時間は有限です。人は何かを成し遂げるためには、何かを捨てなくてはいけません。

「何をやるか」と同じぐらいに、「何をやらないか」を見極めて、切り捨てていくという作業が大切になります。

【7通めの手紙】

子どもとの付き合いは、まず理解に徹し、そして理解されよう

いじめに遭っていた娘さんのその後のこと、手紙で知らせてくれてありがとう。あなた自身が直接担任の先生のところに相談に行かれたのですね。担任はまだ20代の若い先生であるにもかかわらず、真摯に対応してくださったとのこと。いじめをしていた生徒一人ひとりと個別に面談の時間を設けて、事態を把握するとともに、子どもたちの言葉にも耳を傾けながら、いじめがどれほど人の心を傷つけるおこないであるかを、子どもたちにきちんと説いてくださったそうですね。

その担任の先生は、あなたが相談に行くまでいじめが起きていることに気づかなかったという点では未熟だったかもしれません。けれども子どもたちと向きあう時間をしっかりととりながら、問題の解決に取り組んでいる姿には私も好感が持てました。これからも学校や娘さんの様子を見届けていく必要はありますが、まずは一安心というところではないでしょうか。

さてあなたは手紙の中で、「娘の問題が一段落したと思ったら、今度は息子との問題が勃発です」と書いていました。

高校2年生の息子さんが突然、「大学には行きたくない。高校を卒業したら料理の専門学校に進学して、将来は料理人になる」と言い始めたそうですね。あなたにとっては寝耳に水。「そんなことは認めない。どうせ学校の勉強がつらいから、逃げ出したいだけなんだろう。専門学校に行くことを選択したら、いずれ絶対後悔することになるぞ」と怒り出して、それで喧嘩になったとか……。

私は今回のことについては、ちょっとあなたのほうが冷静さを失っていたと思います。息子さんが、どこまで本気で料理人になりたいと思っているかどうかは別として、「大学には行かない」と言い出したということは、何か彼なりに悩んだり感じたりしているのでしょう。その「悩んでいることや感じていること」を知る絶好の機会であったはずなのに、あなたはその機会を逸してしまいました。

前にも手紙で書きましたが、スティーブン・R・コヴィー博士という人が、『7つの習慣』という本を書いています。この7つの習慣のうちの「第5の習慣」は、「まず理解に徹し、そして理解される」というものです。あなたも息子さんが何を考え何を悩んでいるか、まず相手の理解に徹するところから始めるべきでした。

コヴィー博士は、私たちは相手から話を聞いたときに、以下の4つの反応をしがちだと言います。

・評価する――同意するか反対するか
・探る――自分の視点から質問する
・助言する――自分の経験から助言する
・解釈する――自分の動機や行動を基にして相手の動機や行動を説明する

つまり私たちは、相手の話を十分に聴かないうちから、その話に同意するか反対するかを判断したり、自分自身の価値観や過去の経験などから相手の動機や行動を解釈したり、助言をしたりといったことを、やりがちだというのです。あなたが息子さんに対してとった言動を見ていると、まさにコヴィー博士が指摘しているパターンにぴたりと当てはまっています。

こうしたやり方では息子さんが反発しても仕方がありません。あなたは息子さんの心の声に耳を傾けようとせずに、自分の考えを言っているだけなのですから。

もちろんあなたが息子さんに「大学に進学してほしい」と強く願っており、そのために教育面での投資を惜しんでこなかったことについては、よくわかります。

でも子どもの人生の主役は、あくまでも子ども自身です。親が期待している人生を、子どもがそのまま歩むものではありません。親にできることは、子どもの興味関心や夢や目標、適性や資質などをきちんと理解し、彼が彼自身の手によって、よりよい進路決定や自己実現ができるように、後押ししてあげることです。

そのためにも、まずは子どもの話をじっくりと聴かなくてはいけません。

山本さんの息子さんは、もう高校生です。高校生にもなれば、幼いところもありますが、親が想像している以上に自分の人生を真剣に考えているものです。ただ如何《いかん》せん経験や知識が不足しているので、考え方が偏ったり、迷ったりといったことがしばしば起きます。そこは親のサポートが必要になります。

息子さんの場合、突然「大学には行かない」と言い出す前までは進学希望だったということですから、本心ではまだ自分の進路について迷っているのではないでしょうか。そこでなぜ、どんなことに迷っているのか、何をしたいのか、息子さんの話をじっくりと聴き出し彼の内面まで降りていくことです。

もしかしたら暗記中心の受験勉強を続けることや、「がんばって勉強して一流大学に入って、よい会社に就職することが、幸せな人生だ」という価値観に疑問を感じているのかもしれませんね。そうだとすれば、単に「大学に進学したほうが就職の際に有利になる」といった理由以外に、大学で学ぶことの意義を考えるためのヒントや情報、モノの見方などを示してあげることが大切になるでしょう。そうやって息子さんの視野を広げてあげるのです。

また「将来は料理人になりたい」という目標が、どこまで真剣に考えたものであるかについては、少し話を聴けばわかると思います。もし本気でそう考えており、既にいろいろと調べているとするならば、それはそれで素晴らしいことです。若いうちから自分の関心事や適性をしっかりと摑んだうえで、人生の目標を明確に定めることは、けっして悪いことではありませんからね。

ただし早めに進路を絞り込むことは、早く一本立ちできるというメリットがある反面、将来の職業の選択肢が狭まってしまうというデメリットがあります。一度社会に出てから「やっぱり自分が進むべきなのはこの道ではなかった」と気がついたときに、もう一度ゼロからやり直すのは大変なことです。回り道のように見えるかもしれませんが、大学でもう少し基礎的な教育を受け、知識や経験を積んだうえで、職業を絞り込んでいったほうが、結果的には適切な職業選択ができる場合が少なくありません。

そんなふうに親としては、「大学に進学せずに、料理の専門学校に進学すること」のメリットとデメリットや、息子さんに考えてもらうためのヒントを与えることが大切になります。

そのうえで息子さんがやはり料理の道に進むことを選択したときには、どうするか。そのときには、息子さんの決断を尊重しなくてはいけないと思います。

ただし何度も繰り返しますが、そうした話ができるようになるためには、まずは息子さんの話に耳を傾けるところから始めなくてはいけません。彼が抱えている悩みや思いを理解したいという意識を持って、相手の話を真摯に聴くのです。そうすることで息子さんの本心が次第にわかってきます。また「自分の話を聴いてくれている」という親の愛を感じると、息子さんのほうにもあなたの話を聴こうとする姿勢が生まれます。そうやってお互いの心の深い部分を通わせながらの会話ができるようになっていきます。「まず理解に徹し、そして理解される」ことをしてみてください。

【8通めの手紙】

良い夫婦関係の秘訣は相手の立場に立つこと

山本さん、同期の石井さんが奥さんと離婚をされたこと、かなりショックを受けている様子が、先日いただいた手紙から伝わってきました。あなたと石井さんとは家が近所でとても仲が良く、お互いにお子さんが小さかった頃には、家族ぐるみでキャンプや山登りに出かけることも多かったそうですからね。

「石井のやつ、こうなるまでに何とかできなかったのでしょうか。『もしこれが私たち夫婦に降りかかってきたことだったら』と、自分の身に置き換えて想像してみたときに、呆然としました。せっかく20年も夫婦として関係を築きあげてきたのに、それが無になってしまうなんてむなしいですね」

と、あなたは手紙に書かれていました。本当にそうです。

夫婦というのは、人生の中で自分の両親や兄弟よりも一緒に過ごす時間が長い存在です。そして自分の生活、人生に大きくかかわってくる存在です。家庭を作り、子どもを産んで育てるのも、お互いの存在があるからできることです。自分の人生が幸せなものになるかどうかも、配偶者との絆の深さによって大きく変わってきます。そういうわけでどんな人と結婚するかということは極めて大事なことですが、問題は長い年月の中でどんな夫婦生活を送ってきたかということも大きなことです。キングスレイ・ウォードが『ビジネスマンの父より息子への30通の手紙』の中で、「結婚を気軽に考えないで」と題して以下のようなことを述べています。

「幸福な結婚は人生の大きな支えになるので、その価値は測り知れない一方、不幸な結婚の招く損失も測り知れない。不幸な結婚を解消するためにはしばしば、金銭的な富の半分までを犠牲にして、そのうえ何年も扶助料の支払いを続けなければならない」

こうしたことは、本来はわざわざ言うまでもない当たり前のことです。しかし男性の場合は、配偶者の存在の大切さを意識しないまま日々を過ごしている人が多いです。結婚して数年も経つと、夫にとって妻は空気のような存在になりがちです。「そこにいて当たり前。でもいてくれるからといって、特別に感謝するようなことはない」といったような……。

一方、概して妻のほうが、夫との関係を真剣に考えています。自分の人生の幸福が、配偶者次第で大きく違ってくることをきちんと認識しています。「この人は自分のことをちゃんと見てくれているのだろうか」「この人と一緒に子どもを育てていくことができるだろうか」「老後を一緒に仲良く過ごすことができるだろうか」といったことをよく考えています。

今は3組に1組が離婚をする時代です。家庭裁判所への離婚の申し立ての多くは、妻からだそうです。また妻から離婚の意思を伝えられるまで、夫は「妻がそんなことを考えていたなんてまったく気づかなかった」というケースも多いようです。夫が妻を空気のような存在に思っている横で、妻は「この人とはもうやっていけないのではないか」と真剣に悩んでいるのです。

そして男性は、妻を失ったあとになって初めて、その存在の大きさに気づきます。「自分にとってかけがえのない存在であったのに、なぜこれまで大切にしてこなかったのだろうか」と悔やみます。けれども失ったあとになって悔やんでも、後の祭りです。

ではどうすれば、かけがえのない存在である配偶者を、最期にどちらかが看取られることになるその日まで、失わずに済むことができるのでしょうか。

私は夫婦関係を維持するための一番のポイントは、『リスペクト』、お互いを敬うことだと思っています。「俺は会社で大きな仕事をしているし、おまえらのために稼いでできている。だから俺のことを認めろ」と、奥さんに対して一方的に自分のことを敬うように求めるのではなく、相手の良さを深く認識して自分も奥さんの持つ良さを敬うように努めるのです。

話は少し変わりますが、山本さんは「家庭には仕事を持ち込まない主義」なのだそうですね。「仕事のストレスを、家庭に持ち込むような男にはなりたくないんです」と、以前話していたのを覚えています。もちろん仕事でうまくいかないことがあったときに、家族に八つ当たりするような人間は問題です。けれども、だからといって「まったく持ち込まない」というのも、どうでしょうか。

奥さんの中には旦那さんと、「今日はどんな日だった？」「嬉しいことはあった？」「何かイヤなことはあった？」といったことを、話したがっている人は多くいると思います。何気ない会話の中で、相手に起こったことを知り心を通い合わせることを求めています。

ところが男性によっては、「どうせおまえに会社のことを話したってわからないだろう」と決めつけて、何も話そうとしない人が少なくありません。こんなとき奥さんは、「自分はこの人にとってはたいした存在ではない。対等なパートナーとして認められていない」と感じるものです。そしてこうした日々の小さなすれ違いの積み重ねが、やがて大きな溝になっていきます。

だからあなたも「家庭には仕事を持ち込まない」なんて言わないで、会社の人間関係や仕事のことなどで悩んだときには、素直に奥さまに気持ちをぶつけてみたらどうでしょうか。実際に吐き出してみると、すっと気持ちが楽になるものですよ。そして話を聞いてもらったあとには、奥さまに感謝の言葉を伝えます。

一方で奥さまが自分の話を聞いてほしそうにしていたときには、きちんと耳を傾けましょう。また奥さまが今何を考え、どんなことに悩んだり怒ったり、喜んだりしているか、相手のことにきちんと関心を持ち、正面から向きあうのです。

そうやってお互いにお互いの存在を認め合い、相手の立場に立っている夫婦の仲は、そう簡単には壊れることはないと思います。

夫婦の中には、離婚はしないまでも、会話がほとんどないというカップルもいます。せっかくふたりで旅行をして旅館に泊まったのに、テーブルを挟んでお互いに無言でスマートフォンをいじっているだけ、といった夫婦もいます。普段からお互いの立場に立っている夫婦であれば、こんなことはないはずです。

あなたもご存じのように、私もかつて離婚の危機を経験したことがあります。妻のほうから「別れたい」と言い出されました。まさに50歳を過ぎたばかりの頃です。そうなった原因の多くは、私にあったと思います。

妻は若い頃は、掃除も洗濯も大好き、料理も得意という女性でした。ところが肝炎とうつ病を患ってからは、ほとんど家事ができなくなってしまいました。私は、会社の仕事に加えて、妻の代わりに家事もするようになりました。しかしそれがかえって妻を精神的に追い込むことになりました。

なぜなら当時の私には、妻や子どもに対して、「家庭のことはみんな俺がやっているんだ」という相当に傲慢な気持ちがあったようです。妻と本気で向きあい、心を通わせ合うということをやろうとしていませんでした。多忙な仕事をこなしながら家事や妻と子どもの世話もする「悲劇の主人公」である自分に酔っているところがありました。自分が本来しなくてはならない家事ができない妻としてはやりきれなかっただろうと思います。

しかし私は、夫婦の関係が破綻するぎりぎりのところで自分の傲慢さに気がつき、自分を変えることができました。妻との関係を修復していったのも、そして妻がうつ病から快復していったのも、それからのことです。「もしあのまま自分を変えることができないままだったら」夫婦のありようも大きく変わっていたでしょう。

ですから山本さん、良い夫婦として添い遂げたいのなら、お互いにお互いを対等なパートナーとしてリスペクトし合い、認め合うことが大切になります。

まずは「家庭に仕事を持ち込み話をする」ところから、始めてみてはいかがでしょう。きっと奥さまの由紀さんは、「突然どうしたの⁉」と驚きながらも、あなたの話に喜んで耳を傾けてくれるはずですよ。

【9通めの手紙】

親の介護の問題は、親も含めてみんなで話し合う

山本さん、あけましておめでとうございます。

お正月休みは、金沢の実家で過ごされたそうですね。「この前の連休中に帰省したときに、急に母親が歳をとったように見えました。会えるときに会っておきたいという思いが強くなり、そこで年末年始も金沢に帰ることにしたのです」とのこと。

確かお母様は75歳か、76歳か、それぐらいのお歳ですよね。足腰も丈夫で、庭仕事などにも精を出されているとか。まだまだお元気そうではないですか。

とはいえお母様は、お父様が早くに亡くなってひとり暮らしということもあり、あなたが心配する気持ちはよくわかります。いくら今はお元気とはいえ、将来に備えて、そろそろ介護の問題も考えなくてはいけなくなりますからね。

50代は、子育てが一段落する年代ではありますが、一方で親の介護の問題が大きなテーマとして浮上してきます。もし親を介護しなければならない状態になったときに、施設に入れるか、それとも自宅でケアするか。またその場合、誰が介護するかといったことを、あらかじめ考えておくことが大切になります。

ところが現実には、親が実際に要介護状態になるまでは、この問題について親と子ども、あるいは兄弟同士、夫婦間で話し合っているということはあまりないようです。確かに話題として、正面から取り上げにくいテーマではあります。

けれども私はやはり家族で、親がまだ比較的元気なうちに、事前に話し合っておいたほうがいいと思います。というのは、もし親が認知症など脳疾患系の病気を患ってしまった場合、意思疎通が難しくなってしまうからです。

すると施設に入れて介護をする場合でも、自分の家に引き取って介護をする場合でも、あとで「本当にこれで良かったのだろうか」ということになりかねないからです。

けれども親の希望をあらかじめ聞き、介護する人それぞれの事情を考え、お互いに話し合っておけば、納得できる方向を決められます。

山本さんには、大阪で自営業を営んでいる弟さんがいるんですよね。今度のお盆休みあたり、弟さんにも金沢に戻ってきてもらって、お母様とあなた方で話し合ってみてはどうでしょうか。

そのときには介護のことだけではなくて、最期が近づいてきたときには延命治療を望むか望まないかといったことも、お母様から聞いておけるといいですね。お母様の希望がわかっていれば、延命についての判断を息子たちでしなければいけなくなったときでも、迷いや悔いを残さずに、看取ることができます。

日本は寝たきり老人200万人と言われるいわゆる「寝たきり老人大国」です。欧米では無理な延命治療はしないリビングウィルが原則ですから寝たきり老人はいないということです。多くの場合、その親の意志ではなく家族の希望でこのような不合理なことが起こっていると思います。

もちろん介護については、お母様の希望をすべて叶えることが可能であるとは限りません。お母様が最後まで住み慣れた自宅で過ごすことを望まれたとしても、地域の介護サービスの環境が不十分だったり、何かあったときにサポートに駆けつけてくれる親戚や知り合いが近くにいなかったりなど、条件が整わなければ、希望を叶えるのは難しくなります。

最近は、会社員が親の介護のために会社を辞める介護離職が社会問題になっています。介護離職者数は、年間15万人にものぼるといわれています。親の介護のために、自分のキャリアを途中で断念しなくてはいけないというのは、避けたいことです。収入も途絶えますから、経済的にも不安定になります。介護される親だって、そうしたことは望んでいないでしょう。

ですから実際に介護をする際には、「お母様の希望」と「自分たちの思い」「現実にできること」を天秤にかけながら、よりベターな道を探っていくことになります。

そのためにも、まずはお母様が何を望んでいるのか、兄弟がちゃんと知っておかなくてはいけません。また経済的な条件も含めて、自分たちがお母様のためにやりたいことと、現実にできることについても、兄弟で把握しておく必要があります。

こうしたことに今のうちからしっかり取り組んでおけば、いざ実際に介護をしなくてはいけなくなったときに、親の希望をまったく無視するとか、兄弟のうちの誰かひとりに介護の負担を押しつけるといったことを避けることができます。家族みんなにとって、もっとも適切で、納得のいく選択をすることが可能になります。

【10通めの手紙】

お節介焼きのリーダーを目指そう

隣の部署に、ちょっと様子が心配な20代後半の女性社員がいるそうですね。最近目に見えて元気がなく、単純ミスが増えている。また急に会社を休むことも多い。

あなたはうつ病ではないかと疑っているのですね。でも本人はそれを自分では認めようとはしていない。「責任感が強くて真面目なタイプであるだけに、無理をして会社に来ているんじゃないか」というのが、あなたの見立てです。

あなたは「部署が違うのに、自分が声をかけていいのだろうか」と迷っているようですが、躊躇する必要はありません。うつ病は初期の段階であれば、薬だけで治ることも多いといわれています。早期に適切な対処をしないと、長期化したり重症化したりします。

私も妻のことに関しては、もっと早い時点で異変に気づき、うつ病に関する知識を得たうえで対応しておけば、「こんなに長い間、妻を苦しませずに済んだかもしれないのに」と、忸怩《じくじ》たる思いを抱いています。

その女性社員は、部署は違うとはいえ、あなたと同じ会社で働いている大切な後輩です。手をこまねいている場合ではありません。

私が会社勤めをしていたときにも、明らかに「この人はうつ病だな」という人に、9人ほど出会い、そのうちの6人を病院に連れて行った経験があります。自分の部や課だけではなく、隣の部署の社員でも、気になったときには声をかけていました。妻がうつ病で苦しんでいる様子を見ており、そのつらさはよくわかっているつもりですから、放っておけなかったのです。

隣の課で働いていたある若い女性社員は、肝臓が悪いという理由でよく会社を休んでいました。しかし私には妻の経験がありますから、うつ病であることはすぐにわかりました。当時は今以上にうつ病に対する偏見が強い時代でしたから、彼女は周囲に知られることを嫌がり、本当のことは伏せて働いていたのです。

ある日私は彼女を呼んで、「最近よく会社を休むようだけど、どうしたの？」と訊ねてみました。案の定彼女は、「肝臓病なんです」と答えます。

しかしこのまま偽って働き続ければ、彼女の症状がますます悪化します。私は彼女にカミングアウトをさせて、すぐに治療を受けさせる必要があると思い、

「肝臓病？　本当にそうかな？　自分の身体と心のことは、自分が一番よくわかっているでしょう」

彼女はしばらく黙っていましたが、やがてこくりと頷《うなず》いて、「やっぱりわかりますか？」と聞いてきました。

「そりゃわかるよ」

と、私は答えました。そして「うちの会社では週2回『心の相談日』というのがあって、精神科のお医者さんがやって来るから、一度相談してみようよ」と、彼女に言いました。

彼女は最初のうちは、医師のカウンセリングを受けることを拒んでいましたが、一緒に付いて行くからと言って、一度相談に行きました。これまでひとりで抱え込んでいたつらい思いを医師の前で吐き出してからは、むしろ積極的に治療を受けるようになりました。そして3ヵ月ほどで治ったのです。もし「肝臓病」と言われたままで放っておいたとしたら、いったいどうなったのだろうかと思います。

当時私が不思議に思ったのは、彼女の様子がおかしいことについては、彼女と一緒に仕事をしていた同じ課内のスタッフも、気づいていたに違いないということです。それなのに、なぜ誰も彼女に声をかけようとしなかったのでしょうか。

メンタルの問題の場合、プライベートな事情がからんでくるので、なかなか切り出しにくいということがあるのかもしれません。しかし欠勤が増えているという時点で、既に業務に支障が生じているわけで、彼女の上司たちにとっては単なるプライベートな問題ではないはずです。

ただし実際に話を聞き出していくとなると、やはりプライベートな事情にまで入っていかざるを得なくなります。相手の苦しみに寄り添い、その人が抱え込んでいる心の荷物を、一緒に背負いながら解決の糸口を見つけ出していくことになります。そのため「そうしたことはちょっと重荷だな」と感じて、誰も彼女に声をかけなかったのかもしれません。

しかし私は、そういう人間関係の希薄な職場にしてはいけないと考えています。困っているときや苦しんでいるときに、誰も声をかけてくれないとなると、ますますその人は孤立します。どんな人も、いつも順風満帆とは限りません。トラブルを抱え込んだときに手を差し伸べる人がいなければ、誰だって精神的に参ってしまいます。

ですからお互いに声をかけ合い、助け合う雰囲気がある職場は、今苦しんだり弱い立場にある人だけではなく、そこにいる人すべてにとって働きやすい職場なのです。

だから山本さん、様子が心配な女性社員がいるのなら、迷うことなく声をかけてあげてください。特にあなたは会社では管理職、つまりリーダーを務めているのです。リーダーが「困っている人や苦しんでいる人を見捨てない」という態度を示すことが、職場全体を温かみのあるものにします。

あなたのような中年の男性が、若い女性社員に対してプライベートな事情を含めて話を聞き出すのは、なかなか難しいことは事実です。今は昔以上にセクハラに対する意識が高まっていますから、「彼氏はいるの？」なんて軽々に聞けないところがあります。私はお互いに信頼関係があれば、プライベートな話でも聞くことはできると思います。

下世話な好奇心からそういった質問をしているのか、相手の幸せを考えながらそういう質問をしているのかは、相手は敏感に感じとってくれるものです。「自分のことを心配して聞いてくれているんだ」ということがわかったら、そしてその人に話したことがどこにも漏れないというなら、多少立ち入った質問をしたとしても、たいていの場合は許してくれます。

今の時代は、人からお節介だと思われることを極端に恐れる風潮があるようです。だから気になる人が近くにいても、一声かけるということがなかなかできません。

しかし少しくらいのお節介焼きがいなければ、温かみのある職場や社会は作れません。そして多くの人は、自分のことを心配してくれるお節介焼きを、本当は心の中では求めているものです。

ですから山本さんは、「うちの上司は、少しお節介焼きだね」と部下からあきれられながらも慕われるような、そんなリーダーを目指したらいいのです。

【11通めの手紙】

老後にSome Moneyは必要 でもSome Moneyまでで十分

大学への進学か、料理の専門学校への進学かで揺れていた息子さん、結局大学受験を目指してがんばることにしたそうですね。

「料理の世界に進みたいなら、料理人になるという道もあるが、レストランの経営者になるという道もあるぞ。自分がどの道に向いているか、もう少し幅広い勉強をしながら、焦らずじっくりと考えてみてから進む道をきめるのもいいと思うよ」

というあなたの適切なアドバイスが、息子さんの当初の考えを変えさせたようですね。息子さんは大学では経営学を学びつつ、飲食店などでアルバイトをしながら、自分の適性を探っていくことを今は考えておられるのですね。

「息子の進路のことでホッとしたら、今度は急に家計のことが心配になってきました」

と、あなたは私にくれた手紙の中で綴っていました。

これから息子さんを大学に送り出し、娘さんも高校進学と大学進学が待っています。確か家のローンも、まだだいぶ返済が残っていましたね。そして近い将来は、あなたのお母様や、あなたの奥さまのご両親の介護費用のことも考えなくてはいけなくなります。確かに出費がかさみそうです。

これは山本さんの家庭に限ったことではありません。総務省の家計調査によれば、家計の支出は、40代後半から50代前半がもっとも大きくなるとされています。支出が収入を上回るため、貯金を切り崩しながらやり繰りしている家庭も少なくありません。ある生命保険会社は、一番家計が厳しくなるという意味で、この時期のことを「貧乏の峠」と呼んでいるようです。

しかし逆にいえば、50代半ばまでの貧乏の峠を何とか乗り切れば、あとは基本的には自分たち夫婦の老後の資金のことだけを考えておけばよくなります。

では、どう乗り切ればいいのでしょうか。

私のお金に対する考え方はシンプルです。お金があるならあるなりに、ないならないなりに、身の丈に合わせてやっていけばいいというだけのことです。つまり自分の手持ちのお金の中で、やり繰りしていけばいいのです。

老後の資金についていえば、65歳なら65歳までに貯められそうなお金の額を見積もり、そこに年金の受給額を合わせれば、自分たちが老後に使えるお金の総額を割り出すことができます。仮に夫婦ふたりとも90歳まで生きると仮定すれば、65歳から90歳までは25年間です。そこで「老後に使えるお金の総額」を25で割れば、1年間に使えるお金の額を算出することができます。ですからその範囲内で生活していくことを考えればよいのです。

もちろんこれは将来インフレになったときのことを無視した計算ですし、もしかしたら夫婦ふたりとも90歳どころか100歳まで生きるかもしれませんから、かなり乱暴なシミュレーションではあります。けれどもおおよその目安をつけることはできます。

このシミュレーションをした際に「この資金額で老後を過ごすのは、いくら何でも厳しいぞ」ということになれば、今の生活レベルを落とすことで資金を捻出するしかないでしょう。

子どもの教育資金にしたって、背伸びをする必要はありません。子どもに事情を話したうえで、「下宿代を払うのは厳しいので、大学は自宅から通えるところにしてほしい」「できれば学費が安い国公立を目指してほしい」「奨学金を受け、アルバイトもして、家からの仕送りは10万円で」と話せばいい。子どもにはちょっと申し訳ないことをしてしまうことになりますが、いろいろな工夫の仕方があるはずです。

喜劇王のチャーリー・チャップリンは「人生に必要なのは、勇気と想像力とSome Money」という言葉を残しています。確かにチャップリンが言うように、一定の生活レベルを確保するためには、Some Money（いくらかのお金）が不可欠です。Some Moneyがなければ、なにか問題が生じ、会社を辞めなければならないことが起こったとき、辞められなくなります。また家族や親戚が経済的に困っていて助けてあげたいときでも、手を差し伸べることができなくなります。だから常にある程度の貯金を持っていることは大事です。

けれどもSome Moneyがあれば、それ以上は望む必要はないでしょう。大企業で役員にまで上り詰めて多額の退職金をもらった人と、普通に年金生活を送っている人とでは、どちらが幸せな老後を過ごしているかといえば、それは人によりけりです。大金持ちになったとしても、夫婦の関係が破綻していたり、子どもが家に寄りついてくれないといったように、さびしい老後を送っている人はたくさんいます。一方で暮らしぶりはつましくても、精神的には豊かな生活を送っている人もいます。

しばしば中小企業の社員は、大企業の社員の給料や退職金の高さをうらやみます。また大企業でも一般の社員は、役員クラスの給料や退職金の高さをうらやみます。けれども人間の幸福感と、持っているお金の多寡は比例しないのです。

あなたも今は、子どもたちの教育費や家のローンなど、支出がかさんで頭が痛いことも多いでしょう。しかし幸いなことにあなたは、会社員という安定した職業に就いているわけですから、老後のSome Moneyについては、今のうちから「身の丈」を意識していれば何とかなるはずです。

豪華客船に乗って海外クルーズを楽しむことはできなくても、家庭菜園で採れた野菜で作った料理を、子どもたちや孫たちと一緒に楽しむ老後を送ることなら可能です。そちらのほうが、海外クルーズなんかよりも、ずっと幸せを感じることができるかもしれません。


そのためにも背伸びはしないことです。他人の家の暮らしぶりが多少うらやましく見えることがあったとしても、「人は人、自分は自分」です。

お金がたくさんあったからといって人は幸せにはなれませんが、かといってお金がなければないで、人は不安を抱えながら生きていかざるを得なくなります。

お金に人生を振り回されないためにも、身の丈で生きることを大事にしてください。

【12通めの手紙】

それでもなお、真摯に仕事に向きあう

山本さん、今回の人事異動があなたにとって非常に不本意なものであったことは、私にもよくわかります。

以前お会いしたときには、あなたは「私は飛び抜けて優秀な人間というわけではないので、たぶん役員にはなれないでしょう。けれどもそれでもあきらめずに、自分の力でどこまでできるか試してみたい」と、前向きな言葉を口にしていました。あの頃のあなたは、謙虚な口ぶりの中にも「自分だって会社を支えている一員なんだ」という自負と自信が見え、たのもしく思いました。

しかし今回の異動は、大きなダメージをあなたに与えたようです。かなり投げやりな口調で「これで私のビジネスマン人生は終わりました。あとは余生です」とまで言っていましたからね。

「30代や40代半ばまでの左遷だったら、まだいくらでも挽回が可能です。だからがんばることができる。でもそろそろゴールが見えてきている50歳前になって『もう君はうちには必要ない』と言われるのは、さすがに落胆します」

とも、あなたは話していました。そう、左遷というのは、単に昇進の道が閉ざされるというだけではなく、会社から自分は不要な人間だと告げられているようで、それがつらいですね。

私も就任後わずか2年で取締役を解任され、グループ会社の東レ経営研究所社長の辞令を受けたときには、「私のビジネスマン人生は終わったんだ」と落胆しました。58歳のときのことです。何しろそれまでは「東レの経営陣の一角でこの会社を支えよう」というぐらいの意気込みで仕事に取り組んできたのに、ポンと東レ本社の外に出されてしまったわけですからね。だからあなたの口惜しさはよくわかります。

しかし、実は私の場合は、本当は「終わった」わけではなかったかもしれないのです。

あれは東レ経営研究所の社長に就任してから2年ぐらいが経ったときのことです。本社で重要なポストにいたある人から、「君はもうすぐ本社に戻ることになるかもしれないよ」と告げられたことがあったのです。しかもその人だけではなく、社内で事情通と言われていた別の人からも、「あなたはもうすぐ本社に戻ることになりそうだ」と言われました。

これはあとで知ったことですが、当時上層部では「佐々木を本社に戻すべきかどうか」という検討をしていたのだそうです。結局何かの理由があって、私の本社への復帰は見送られることになったわけですが、少なくとも左遷をされた時点での「自分の人生は終わったんだ」という私の認識は、間違ったものでした。

戦前、日本が国際連盟を脱退して、国際的な孤立を深めていた時期に総理大臣や外務大臣を務めた人物に広田弘毅《ひろたこうき》がいます。広田もまた外交官時代に左遷を経験していま す。

彼は、当時外務省で権力を掌握していた幣原喜重郎《しではらきじゅうろう》とソリが合わず、いつも省内で冷や飯を食わされていました。そして1927年には、外交官にとってけっして花形とはいえない小国のオランダに左遷をされます。彼はそのときの心境を、オランダは風車が多い国であることに掛けて、「風車　風が吹くまで　昼寝かな」と詠んでいます。

しかし彼はオランダで本当に昼寝をしていたわけではありません。オランダはかつては海上帝国を築き、世界の海を支配していたこともありました。そこで広田は、なぜこの国が小国ながらも世界を制覇できたのかその理由を探ることで、同じく小国である日本が、列強ひしめく中で生き残っていくためのヒントを学び取ろうとしたのです。

これはアメリカやイギリスといった外交の表舞台にいる人間にはできないことです。つまり彼は左遷を左遷で終わらせず、自分を高める機会に変えたのです。

そんな広田を世の中が放っておくわけがありません。1936年に総理大臣に任じられた彼は、軍部の独断専行を止め、日本を窮地から救うべく奮闘します。ただ残念ながら彼の努力は実を結ばず、日本は戦争に突入することになりましたが……。

野球のピッチャーは、どんなに好投をしていたとしても、一度交代を告げられれば、もうその試合でマウンドに上がることはできません。しかし一般の組織は一度降板しても、またマウンドに上がるチャンスがめぐってくる可能性があります。

組織の傍流や外に出されても、自分のことを見てくれている人は見てくれているものです。組織は、意外と柔軟なのです。

だから山本さん、大切なのは左遷をされたあとのあなたの態度と行動です。

あなたには、あなたのことをずっと気にかけてくれている人がいるはずです。その人は異動先でのあなたの働きぶりについても、注目していることでしょう。また新しい職場であなたを迎え入れる同僚たちは、「この人は左遷されてうちに来たんだな。どんな姿勢で仕事をするんだろう」と、興味津々であなたのことを見ているはずです。

ですからあなたが不本意な場所に異動になったからといって、そこで投げやりな態度を見せてしまったら、みんなをがっかりさせてしまうことになります。そしてもうチャンスはめぐってこないでしょう。

あなたは、これから自分に与えられた場所で、自分にできることを精いっぱいやるべきです。慣れない仕事になるかもしれませんが、部下や若手に教えてもらうことも厭《いと》わず、謙虚な姿勢で仕事に臨みましょう。そしてリーダーシップを発揮してその組織で期待される成果をあげていくのです。

やがて「この人をこの場所に置いておくのはもったいない。やっぱり会社にとって必要な人だ」という雰囲気が醸成され、もう一度チャンスが与えられるかもしれないのです。

いや、現実はそれほど甘くはないかもしれません。与えられた場所で、どんなに精いっぱい取り組んだとしても、二度とチャンスはめぐってこないこともありえます。そのまま傍流の部署でビジネスマン生活を終えることになることもあるでしょう。

しかしそれでもなお、どこまでも真摯に仕事に向かうことが大事だと私は思います。たとえあなたにとっては不本意な異動でも、その部署や子会社には一生懸命働いている部下や同僚がいます。リーダーであるあなたの仕事に対する姿勢や行動から、彼らは多くのことを学び取っていきます。あなたが投げやりになれば、彼らは落胆しますから手を抜けません。

そしてどんな場所でも、真摯に仕事に向かうことは、自分を大切にすることでもあります。私は最初にあなたに送った手紙の中で、ビジネスマン人生で大切なのは、「出世できたかどうかではなく、自分のビジネスマン人生をきちんとやり切ることができたという納得感です」と書きました。左遷をされたことで腐ってしまったら、あなたはそうした納得感を得られないままビジネスマン人生を終えてしまうことになります。

もちろん今はショックでいっぱいでしょう。そんな今は無理に感情を抑えようとせずに思いっきり落ち込めばいいと思います。たまには深酒をする日があってもいいし、一日中布団にくるまって寝ている日があってもいい。

でも、どこかで立ち直らなくてはいけません。

あなた自身のためにも、あなたが日の当たらない場所でも誠実に仕事に取り組んでいる姿を、見守ろうとしているあなたの応援者のためにも。

【13 通めの手紙】

他人と自分を比べるな
自分は自分
内面を磨け

不本意な部署への異動を通知されたショックから、まだ抜け出すことができないでいるようですね。

石川啄木が詠んだ「友がみな　我よりえらく見ゆる日よ　花を買い来て　妻としたしむ」という歌を持ち出して、「自分もそんな心境です」と話していましたね。

でも山本さん、花を買ってきて一緒に親しんでくれる奥さまがいるのなら、それはとても幸せなことではないですか。苦しいときにちゃんと由紀さんが寄り添ってくれているというのは、あなたがこれまで夫婦のつながりを大切にしてきた証です。

あなたは今、自分よりも出世していく同期や、若いうちに起業をして社会的に成功している学生時代の友人と自分を見比べて、自分ひとりが取り残されたような気持ちになっているようですね。

何歳になっても、人は他人と自分を比べてしまう生き物です。そして「あいつよりも年収は俺のほうが上だ」とか、「あいつよりも会社の中では俺のほうが評価されている」というように、人と比べて勝っているか負けているか、評価されているかいないかで、自分の価値を測ろうとします。

けれどもそうした相対的評価の中で生きている限り、人は永遠に心の安定を得ることはできません。他人からの評価なんて、移ろいやすいものです。たとえ今は相対的に人よりも上のポジションにいたとしても、そのポジションを脅かすかもしれない他者の影に、脅えながら生きていかなくてはいけなくなります。

それに会社という狭い世界で、誰かに勝ったり負けたりというのは、外の世界の人から見ればどうでもいいことです。定年で会社を退職したあとも、「自分は○○という企業で支店長を務めていた」などと自慢をする人がいますが、コミュニティの中ではこういう人が一番嫌われるし、馬鹿にされます。仕事を辞めて例えばコミュニティで何か活動した場合、その人の価値はサラリーマン時代の肩書やどれだけ出世したかではなく、人間力によって測られます。

ですから自分と他人を比べないほうがいい。自己の内面に問いかけ、自分が真摯に生きているかどうかを評価すべきです。そして自己の内面を磨くことに専念します。自己の内面を見つめて、自分が大切にしている価値観に恥じない生き方をしているのであれば、何ら自信を失う必要はないのです。

常に自己の内面を磨いている人は、周りから称賛されても驕《おご》ることがありませんし、不遇なときも腐ることがありません。晴れの日も雨の日も、淡々とした気持ちで生きていくことができます。

『武士道』などの著書で知られる新渡戸稲造《にとべいなぞう》は、ある本の中で次のように述べています。

「自己の成長と、世でいういわゆる成功とは、稀には合致するが、多くの場合は相いれない。なぜなら、立身出世の標準は外部に求められるが、自己の成長は各自の内部の経験に基づくからである」

その人が出世できるかどうかは、その人が人間的に優れているかどうかとは、別の物差しによって判断されます。だから人としての一番の価値は、社会的に成功するとか出世することではない。自己の内面を高めていくことだと新渡戸は言いたかったのです。

私はあなたの素敵なところは、人を思う気持ちが強いところだと感じています。

あなたは部下が仕事で成功したときには一緒になって喜ぶことができ、壁にぶつかったときには親身になって心配します。そうした思いやりのある姿勢を、働き始めてから、とりわけ管理職になってからは、ずっと貫いてきました。

　だから多くの部下があなたのことを信頼し、慕っています。私の経験の中でも、あなたほど部下思いの人はなかなかいません。

　これはあなたの優れた長所です。そしてあなたのその長所は、会社を辞めたあとも会社以外の場所で、きっと人生の長きにわたって、いろいろなところで活かすことができるはずです。これはあなたが、もっと自信を持っていいことです。

　他人のことなどどうでもいいのです。人に比べて勝ったとか負けたとか、つまらないことです。あなたには、あなただからこそ持っている良さがあるのだから、それを磨いていけばいいのです。

【14通めの手紙】

兄弟の絆には手入れが必要

今年のお盆休みは、奥さまを連れられて、また金沢の実家に戻られたのですね。今回は大阪に住んでいる弟さん夫婦も同じ時期に帰省をして、懸案だったお母様のこれからのことについて、みんなで語り合うことができたとのこと。

「お母さん、これからどうする？　もし介護が必要になったときには、俺と一緒に住む？　それともこの家でずっと暮らしていたい？」

とあなたが訊ねたところ、お母様は茶目っ気たっぷりに、

「あなた方にお金を出してもらって、至れり尽くせりのサービスをしてくれる高級老人ホームに住みたいね」

と答えたのだそうですね。すると弟さんが「お袋、それはいくら何でも無理だよ」とすかさず返したので、みんなで大笑いしたとか。ざっくばらんに話すことができてよかったですね。

お母様の希望としては、ひとりで自立して生活ができる間は住み慣れた自宅で過ごし、介護が必要になったら、できるだけ地元の施設に入りたいということのようですね。どんな施設があるのか、これから情報収集しなくてはいけませんね。金沢であれば新幹線も開通したことですし、お母様が施設に入ったあとも、時々帰省して顔を見せて

あげられるのではないでしょうか。

ところであなたは、今回の帰省で得られた「思わぬ副産物」として、弟さんとの絆が深まったことをあげていましたね。

弟さんとは仲違いをしたわけでもないのに、大学を卒業し、就職をして、結婚をして子どもができてというように、お互いに自分の生活ができていくとともに、徐々に疎遠になっていったそうですね。結婚してからは、たまたま帰省のタイミングが一致したときに顔を合わせるぐらい。それもお互い家族連れだから、あまり込み入った話はしていないと、あなたは手紙の中で書かれていました。

でもそれはどこの兄弟も、だいたい似たり寄ったりですよ。

私は男ばかりの4人兄弟の家庭で育ちましたが、子どもの頃は4人とも無条件で仲がよかったものです。それぞれが結婚して家庭を持つようになると、そうはいかなくなりました。

特に私の母は46歳のときに再婚して、別の家に嫁いでいきましたから、私たち兄弟の実家はある時期から実質的にはなくなってしまいました。するとお正月やお盆休みも、それぞれが秋田ではなく、奥さんの実家に帰省することが増えるようになります。自然と兄弟と顔を合わせる機会が減っていきます。

また私の場合は、長い間自分の家庭が大変でしたから、兄弟に何かあったときも、十分に手を差し伸べることができずにいました。

私はそのことがずっと気にかかっていました。残念ながら兄は数年前に他界してしまいましたが、弟はふたりとも健在です。我が家もだいぶ落ち着いてきたことですし、1年半ほど前に弟たち夫婦に声をかけて食事会を開いたのです。ついこの前も、その2回目を開きました。これからも続けようと思っています。

両親も兄も亡くなった中で、私とふたりの弟だけが、子どもの頃の家族の記憶を濃密に共有しているわけですから。やっぱりこの関係は、大切です。

たぶん山本さんぐらいの年代は、離れていた兄弟が絆を深めるのに、適切な時期なのではないかと思います。

これまではお互いに子どもが小さかったし、仕事も忙しく、自分の家族のことで精いっぱいでした。けれども50歳前後にもなれば、さすがに子育ても仕事も激務からは解放されます。すると今度は、年老いた親のことが気になり出します。そこで今回のように共通の関心事である親の老後について兄弟で話し合うというのは、それをきっかけにお互いのことを知るうえでのまたとないチャンスであるといえます。

あなた方兄弟もこの帰省中に、お母様の老後をどうサポートしていくかについてふたりだけで話し合っているうちに、思わぬところに話が発展していったそうですね。

あなたは弟さんが、「親父もお袋も、幼い頃から兄貴のことをいつも一番に考えて優遇していた。俺は『長男っていいな』と思っていたものだよ」と告白するのを聞いて、大変驚いたといいます。自分が優遇されていただなんて、意識したこともなかったわけですから。ところが弟さんの思い出話を聞いていると、確かに思い当たる節があります。

「少年時代の弟が、どんな複雑な思いで兄である私のことを見ていたか、初めて知ることができました。私は鈍感でした」

と、あなたは手紙に綴っておられました。

また兄弟で久し振りに膝をつき合わせて話し合ったことは、自分がどんな親子関係や兄弟関係の中で育ち、どのような価値観を育んでいったのかを確認するうえでもよかったそうですね。兄弟でお互いのことについて話し合うというのは、自分自身の人生の棚卸しをするうえでも役に立ちます。

私も先日弟たちと食事会をしたときに、ふたりの弟が口を揃えて「兄貴は佐々木家のいい時代を知っているから、自分たちとは感覚が違うところがある」と言うので驚きました。

私たちの父は裕福な商家の息子でしたが、結核にかかっている間に多額の薬代や入院費がかかったため、父がこの世を去ったとき、家族に残されたのは自分たちが住んでいる家だけという状況でした。その貧しい暮らしの中で、母は朝早くから夜遅くまで働いて、4人の子どもたちを育てました。

ただし父が亡くなったとき私は6歳でしたから、佐々木家が比較的裕福だったときのことをまだおぼろげながらに覚えています。でも2歳半年下の双子の弟たちは、物心ついた頃から貧しかったので、「自分たちは兄貴とは育ってきた環境が違うんだ。だからモノの考え方、金銭感覚なども、上のふたりの兄貴と自分たちとではずいぶん違うように思う」と言うのです。

そんなことは考えてみたこともありませんでしたが、指摘をされれば、確かにそういうところはあるような気がします。同じ家庭で少年時代を過ごしても、少し年齢が異なれば、人間形成に与える影響も違ってくるんですね。こうしたことは、幼い頃から記憶や体験を共有している兄弟だからこそ、お互いに話し合えることです。

あなたにとって今回の帰省は、とても有意義なものになりましたね。これをきっかけに、弟さんとの絆をさらに深めていくとよいのではないでしょうか。そのためには折に触れ連絡を取り合うことが大事です。

私の大好きなキングスレイ・ウォードの『ビジネスマンの父より息子への30通の手紙』という本の中に、「友情には手入れが必要である」という一節があります。

けれども手入れが必要なのは、友情だけではなく、兄弟の関係も同じです。手入れを怠った菜園はすぐに荒れ果ててしまいますが、手入れの行き届いた菜園にはみごとな果実が実ります。

その果実は、あなたのこれからの人生を豊かなものにするはずです。

【15通めの手紙】

「終の棲家」はひとりでも、夫婦だけでも、子ども夫婦と一緒でもよし

50代は、親の介護のことだけではなく、自分たちの老後や終《つい》の棲家《すみか》のことについても、そろそろ現実味を持って考えるようになる頃です。

今住んでいる街や家に、老後もこのまま住み続けるか。もし移り住むとすれば、それはどんなところか。また子どもたちとは、一緒に住むか、夫婦ふたりだけで暮らすことにするか……。

今日は、私自身の経験談をもとに、終の棲家についての私の考えを少し述べたいと思います。結論を先に言ってしまうと、「終の棲家は、もし可能なら子どもと一緒に暮らすことを選んだほうが楽しいし、安心だ」ということです。

私が今住んでいる都心のマンションを終の棲家に定めたのは、数年前のことです。その前は横浜市の郊外のマンションに住んでいて、最初はそこを終の棲家にするつもりでした。60歳を少し過ぎた頃のことです。自閉症の長男が通っているお医者さんが近くにいたので、通いやすいようにということで選んだのです。

当時、私が勤めていた東レ経営研究所は、千葉県の新浦安駅の近くにありました。自宅の最寄り駅から新浦安駅までは片道1時間半の道のりでしたが、私は毎朝通勤ラッシュになる前に家を出ていましたので、1時間半のうちの1時間は電車で座れます。この1時間は私にとって、仕事をする絶好の隙間時間でした。

マンションの周辺は自然にも恵まれていたので、散歩を楽しむこともできました。

しかしやがて私が会社勤めを辞めることになり、ライフスタイルが変わったことで、横浜での生活にいささか不便さを感じるようになってきました。

会社を辞めてからは、書籍の執筆や、雑誌の取材への対応、政府の審議会の委員、企業や自治体などに招かれての講演活動といったものが、日々の活動の中心になってきました。仕事関係でいろいろな打ち合わせをするときには、仕事相手に横浜まで来てもらうのも、自分から都心に出て行くのもちょっと不便です。

また自閉症の息子についても、病院の先生のところには2ヵ月に1回程度通えばいいということになりました。それぐらいの頻度であれば、少し離れた場所でも、通うことはできます。

そこで都心にあるマンションで、自宅兼事務所にできるという条件で、物件探しをすることにしたのです。だいたい40軒近く回って見つけたのが、今住んでいるマンションです。1階ということもあってマンションなのに庭が広く、花を育てることが大好きな妻も、一目でこの部屋が気に入りました。

広さも200㎡とそこそこありますので、仕事ができる間はこのマンションに住み、そのうち夫婦ふたりの終の棲家はまたそれなりの家に引っ越すか、まあこのマンションでもいいかなと考えていました。

子どもたちはいずれ出て行くわけですから、夫婦ふたりで仲良くのんびり暮らす、すでに子どもたちは成人していて自分の暮らしがありますから当然のことです。

元気なうちはふたりで暮らし、どちらかが具合が悪くなったら老老介護です。それができなくなったら老人ホーム。自立し自分たちのことは自分たちでやる。

と考えていたのですが、ひょんなことから娘夫婦と一緒に暮らすことになりました。

私たちがこのマンションに転居してきたときには、娘はまだ独身だったのですが、その後一度は別れた男性と縁あって結婚することになりました。その男性は以前交際していたときにしばしば我が家を訪れており、私は彼のことを自分の息子のように感じていただけに、ふたりから「結婚したい」という話を聞いたときには、飛び上がりたいほど喜んだものです。

娘夫婦は最初のうちは、目黒区にある彼の実家と私の家を行き来していたのですが、やがて私の家に居心地の良さを感じたのか、我が家を住居に定めてくれたのです。

「一緒に暮らす家族が増えるというのは、これほど楽しいものなのだろうか」というのが、私の実感です。私は彼のことを実の息子のように思っていますし、彼も私のことを実の父のように慕ってくれます。ほかの家族が出かけているときには、ふたりで夕食を食べることもありますが、そのときには彼の家族のこと、娘のこと、今日のニュース、最近起こった出来事などいろいろな話をします。

また子ども夫婦と一緒に暮らすというのは、「安心」で「楽」なことでもあります。

以前、私と妻と長男の3人で横浜に住んでいたとき、長男が腰の骨を折って入院したことがありました。私は会社に行かなくてはいけませんでしたから、妻が毎日入院先に足を運んで、長男の面倒を見ていました。毎日のことですし、病院に通わなくてはならず、妻の負担は大変なものでした。

けれども大家族で住んでいれば、家族の中で何か困ったことが起きたときでも、お互いに負担を分担し合いながら助け合うことができるので、安心で楽です。

ですから私は、自分たちが老後を過ごす終の棲家は、夫婦ふたりだけの家よりは、子ども夫婦や孫と一緒に暮らす二世代住居のほうが、「ずっと楽しいし、安心だ」と思っているわけです。

子ども夫婦と同じ屋根の下で暮らすとなると、姑《しゅうとめ》と嫁の関係とか、舅《しゅうと》と旦那の関係など、生活習慣や価値観が違う人と一緒に暮らすことに不安感や抵抗感を覚える人もいるでしょう。

けれども私の経験からいえば、心配無用です。お互いに気を遣いすぎれば、それは息苦しくなるでしょう。けれども意識をしすぎずに自然体で接すれば、一緒に生活をするのはさほど難しいことではないと思います。

もちろん相手のよいところを見つけ、好きになる努力をする必要はありますよ。でも相手に対する愛情や尊敬、いたわりの気持ちを持っていれば、あとは楽なものです。

コミュニケーションをとるときだって、こちらが構えなければ、向こうも構えなくなるものです。思ったことや感じたことを素直に言ってくれるようになります。そのうち昔から一緒に住んでいた家族同然の関係になっていきます。

山本さんの家庭は、まだ息子さんは高校生、娘さんは中学生ですから、お子さんが結婚して家庭を持つのは少々先の話かもしれません。またお子さんの仕事の赴任先などによって、一緒に住みたくても住めない場合もあるでしょう。ただ私は、「子ども夫婦との同居は本当に楽しいものだ」と感じています。

今の時代は核家族が標準のようになっていますが、核家族化が進んだのはついこの数十年の間です。それまで私たちはずっと大家族の中で、家族同士がお互いに助け合いながら生きてきました。

私はこの「お互いに助け合う」という家族の機能が、ここに来てもう一度見直されつつあるのではないかと思います。最近、家族のいないお年寄りの方による互助を目的とした同居や、「老活」といって独居のお年寄り同士の婚活が盛んになっているそうです。ひとりで生きていくことの難しさに、みんな気づいています。

また今の時代は、女性のさらなる社会進出が求められています。父親と母親が仕事に出ている間、小さな子どもの世話は一緒に住んでいるおじいちゃんやおばあちゃんが担うということになれば、両親も安心して仕事に励めますし、子どもも多様な人間関係の中で、育っていくことができます。

もちろん誰とどこに住むかというのは、個人の価値観やライフスタイルによって選ぶべきものですから、最終的には山本さん夫婦がよく話し合って決める問題です。けれども私自身は「子ども夫婦との同居は本当にいいものだ」と、この歳になってつくづく思うのです。

【16通めの手紙】

自分の不完全さを受け入れ、相手の不完全さを許す

山本さん、ついにあなたも50歳の誕生日を迎えられたそうですね。どうですか、50代になられた気分は？　「ついに50歳になったか、いろいろあったな」といった感慨でしょうか。それとも「気が付いてみると自分なりの人生観や生き方がおおよそ出来上がったな」といった自信でしょうか。

歳をとるというのは、体力が衰えてきたことを実感したり、若い人とのギャップを感じたりなどややさびしいこともありますが、反面で「歳をとるのも悪くない」と感じることも出てきます。それは「モノや地位に対する欲が薄れる」「自分の限界を知り謙虚になれる」「少々のことにはこだわらなくなる」といったことです。

若いときには、さまざまな経験を通じて自分というものを知っていきます。自分の能力や性格を十分知らないために生き方や仕事のことでやや無駄が起こります。けれども50歳にもなれば、既にいろいろな経験を積んでいますから、自分の能力や得意なこと、苦手なことはおおよそ把握できています。

例えば私は人の顔を覚えるのが苦手です。また自分にとって興味のある話はよく覚えているのですが、少しでも自分が興味のない話だと、すぐに忘れてしまいます。

しかし人によっては、記憶力が良くて数年前に一度会っただけなのに人の顔を覚えている人がいます。

私などは、そういう人を見ると本当にうらやましい。ただ苦手なことについては、ある程度の努力でカバーはできるとしても、それ以上はどうしようもないところがありますね。

歳をとると、そういった自分の欠点や不完全な部分がよくわかり、ある種の諦観とともに受け入れられるようになります。すると欲が薄れるといいますか、ないものねだりをしなくなります。これは精神的にとても楽ですね。

一方で、自分の長所や強みについてもよくわかるようになっていますから、「得意な部分で勝負をしていこう」という気持ちになれるのです。

また自分が不完全な存在であることを受け入れられると、人は謙虚になれます。

私が誰に対しても「さん付け」で呼んでいることは、もちろんあなたも知っていますよね。あなたが新入社員として私の隣の部署に配属になったとき、周りの人たちは「山本君」と呼んでいたのに、私ひとりが「山本さん」と呼ぶものだから、あなたは最初のうちは戸惑っていましたね。

私が「さん付け」で呼ぶようになったのは、30歳ぐらいからのことです。その頃私は、自分の欠点や至らない部分に気づくことが何度かありましたし、後輩であっても、人に対する細かな心遣いができたり豊かな発想力を持っていたり、優れた長所を持っている人が多くいることにも気づきました。年上であろうと年下であろうとみな長所と短所を持っていて、年齢にはあまり関係がないと考えるようになりました。

だからもっと謙虚になって、「我以外、皆我が師」というぐらいの姿勢で周りの人から学ばなければいけないと思い、すべての人に敬意を込めて「さん付け」で呼ぶことにしたのです。

今では私も70歳になりましたから、自分の子どもと同年代の方や、子どもよりも年下の方とお仕事をする機会も出てきています。その中には「この人は若いけれども、立派だな」と思える人がたくさんいます。そうした人から学ぶことはたくさんあります。

謙虚ということで思い出したのですが、私はかつて、会社員時代のある同期の友人から手紙をもらいました。

その手紙には、私が初めて書いた本である『ビッグツリー』を読んだときに、彼が抱いた思いが綴られていました。

『ビッグツリー』の中に、私の長男が中学校時代にいじめに遭ったときに、その解決に向けて私が何度も学校に行き、担任の先生や教頭と話し合い、息子のクラスメートを自宅に呼んで障害のことを説明し理解を求めた様子が書かれている部分があります。彼はそれを読んだときに、「あなたには負けた」と感じたと言います。

実は彼自身も、子どものいじめ問題を抱えていたのだそうです。しかし多忙な仕事を優先させてしまったために、担任の先生とも、ましてや子どもたちとも話をすることはしなかった。そのためにお子さんが、学校を中退してしまったことがあったようなのです。「そのことで子どもに申し訳なく、自分にとっては痛恨の極みだ」と彼は言います。

そして、「私は仕事のことではあなたに負け、家族のことでも負けてしまった」と、綴っていました。

私はこれを読んだときに、「この人は、なんと素直な人なのだろう」と思いました。かつてはある意味ライバルであった同期に対して、虚勢を張らず、自分の過ちを素直に打ち明けようとしている姿に、心を動かされました。人は他人に自分の弱みを見せるというのは、なかなかできないものです。私は「彼は手紙の中では、私に負けたと書いているけれども、そもそも人生に勝ちや負けなどない。彼は彼として、自分の人生を誠実に生きようとしているのだ」と感じました。

それに歳をとって、今さら虚勢を張っても仕方がありません。自分が不完全な存在であることを素直に認めたうえで、彼のようにそこからまた一歩を踏み出せる人間でありたいものです。

そして自分の不完全さを認めることは、相手の不完全さを受け入れられることにもつながります。

自分に長所や短所があるように、相手にも長所や短所があります。それを理解していれば、相手のイヤな部分が多少目についたとしても、許すことができます。

人の弱点を探し出すより長所を見るべきです。人はその長所を活かして生きていくし、そうすべきなのです。

ただ残念ながら歳をとっても、他者の過ちや失敗に対して不寛容な人もいます。むしろ歳をとってからのほうが、不寛容になる人もいます。

先日も飛行機に乗っていたら、客室乗務員が何かのサービスをしようとしたことに対して、60歳代後半らしきおじさんが「余計なことをするな！」と怒鳴りあげている場面に遭遇しました。客室乗務員は立場上、お客さんに対しては反論ができません。そういう人に向かって罵声を浴びせるなどという行為、こういう年寄りにはなりたくないものです。

人は、いつも「謙虚であろう」と自分に言い聞かせていないと、すぐに傲慢になってしまう生き物でもあります。

お互いに、自分の不完全さを受け入れるとともに、相手の不完全さを許すことができる。そういう大人になりたいものです。

【17通めの手紙】

親は子どもを育てて、子どもから教えられる

息子さん、大学受験ではみごと第1志望の大学に合格されたそうですね。秋に模擬試験を受けたときには「合格率30％」という判定だったのに、集中して勉強して、合格を摑みとったとか。なかなかやるではないですか。

あなたは手紙に「この1年は、息子から学ぶことが多かった」と、書かれていましたね。

「息子と話していると、まだ幼いなと感じる部分は多々あります。しかし自分の人生を真剣に考えたうえで、進むべき道を決め、少々の困難に直面しても最後まであきらめずにやり遂げた姿を見ると、我が息子ながら見直しました。人生に対する真摯さは、学生時代の私よりも彼のほうが数段上ではないかと思われるぐらいです。私も『これは負けていられない』と刺激を受けました」と。

よく「親は子どもを育てながら、親もまた子どもから教えられる」と言いますが、まったくその通りですね。

私には3人の子どもがいますが、私も子どもたちから教わったことが山ほどあります。特に大きな学びを与えてくれたのが、自閉症の長男でした。

私が長男から学んだのは、「どんな人でも、必ず大きな可能性を持っている」ということです。

長男の進学にあたっては、小学校のときも、中学校や高校のときも「普通学級よりも、特別支援学級に入れたほうがいいのではないか」と迷いました。しかし障害児の教育にくわしい方からのアドバイスもあって、結局普通学級に通わせることにしました。

もちろん不安はありました。けれども彼は立派にやり遂げました。途中、いじめに遭うなどの問題は発生したのですが、彼が蹟《つまず》きそうになったときには、こちらがちょっと手を貸してあげることによって立ち直ることができ、高校まで卒業することができたのです。

また自閉症の子どもならではの能力を垣間見たこともあります。彼が高校3年のとき、自宅に籠もりがちになっていたので、私が「新聞配達でもやってみるか」と声をかけたところ、「うん、やる」と言います。

新聞配達では、配達を担当する家の場所を覚えるのが、第一の関門になります。彼も先輩の販売員から、新聞を配達をする家の門や玄関などの特徴を記した地図を渡されて、「これを覚えるように」と指示をされました。するとなんと彼はたった1日で、すべての配達先を覚えてしまったのです。そのため彼にはさらに広い配達エリアが割り当てられることになったのですが、これもまたすぐに覚えてしまいました。

先輩販売員から地図を渡された日、彼は家に帰ってからも片時も目を離さずに地図をずっと見ていました。自閉症の人は、見たものをあたかも写真で撮ったかのように記憶するのだそうです。つまり彼はその地図を、写真の画像として頭の中にインプットしたわけです。

私はその様子を見たときに、「たとえ障害を持っている人でも、その人が備えている能力を適切に摑むことができれば、それなりに活躍できる場所がある」ことを確信しました。

私たちは、知的な障害や発達障害を持っているだけで、「健常者のような仕事はできない」と決めつけがちです。しかしそれは私たちの側が、勝手に設定しているだけです。誰にだって得意なことと不得意なことがあるように、障害者にだって「これだけは健常な人と同じくらいできる」というものがあるはずです。その可能性をうまく見出してあげれば、健常者以上の能力を発揮するかもしれないのです。

彼から学んだことは、私が会社の中でリーダーとしてメンバーと接するときにも活かされました。新しい部署に赴任したときには、まずはじめに「チームの中で遅れ気味の人」に目が向くようになったのです。

組織の中でみんなから遅れているように見える人でも、実は何かしら優れた能力を持っていることは、長男と接してきた経験からよく知っています。だからそういう人を見ると、「何とかこの人のよい部分を見つけ出し、引き出してあげたい」という気持ちになります。

そんな姿勢でメンバーと接していると、チームの雰囲気も変わっていきます。

リーダーの関心が、実績を上げているメンバーのほうにばかり向いていたら、そうではないメンバーは面白くありません。「やっぱり自分はダメなんだ」と自信を失ってしまいます。

けれどもリーダーがその人の長所や強みを見つけ、その強みが活きる仕事を与えることができたならば、メンバーは「自分も意外にできるかもしれない」と、自信を持つきっかけになります。人は仕事で成果をあげると、楽しくなってきて、もっと仕事に取り組むようになります。するとさらに成果が上がりやすくなり、成長を遂げていくという正のスパイラルが回り出すわけです。

だから今は仕事ができないからといって、メンバーの可能性をすぐに見切ってしまうのは間違いです。

またリーダーが、仕事ができないメンバーに丁寧に接することは、ほかのメンバーにもよい影響をもたらします。もしリーダーが、仕事ができるメンバーしか評価しないとなると、誰もが「ちょっとでも失敗をすると、自分も切り捨てられてしまうのではないか」と、不安になります。これではいい仕事ができません。

「うちのリーダーは、簡単には部下を見捨てない」という安心感があるからこそ、困難な仕事に対しても、失敗を恐れずに前向きにチャレンジすることができるのです。

私はこうしたことを長男と接する中で学びました。もし彼を授からなかったら、私は「こいつは仕事ができない」とみなした部下を、冷たく扱うような人間になっていたかもしれません。

子どもの存在は、多くの学びを親にもたらしてくれます。男親の中には、子育てのことは奥さんに任せて、会社での仕事に没頭している人も少なくありませんが、あまりにももったいないことをしているといえます。もしかしたら山本さんも若い頃には、多少はそういうところがあったかもしれませんね。けれどもまだ遅くはありません。これからでも、子どもたちから学べることはたくさんあります。

山本さんの息子さんは、まもなく大学生になり、数年後には社会人になるわけです。これから息子さんは、自分の生き方や価値観を確立していく時期にあたります。また大学生にもなれば、もう一人前の大人ですから、これまでとは違う父と子の付き合いが始まるはずです。

自分の息子という一番身近なひとりの若者が、いろいろと迷いながらも成長を遂げていく姿を見届けることは、きっとあなたにさまざまな気づきを与えてくれると思います。だから子どもとの関係を、どうか大切にしてください。

これから息子さんがあなたに何を教えてくれるか、楽しみです。

【18通めの手紙】

ペットはプレゼントの提供者

先日は、家族4人で我が家に遊びに来てくれてありがとう。息子さんだけではなく、娘さんのりっちゃんも、無事第1志望の高校に合格できてよかったですね。息子さんは大学生、娘さんは高校生。あなたもお父さんとして、ますます張りきって働かなくてはいけませんね。

そのりっちゃんですが、我が家の3匹の犬たちのこと、すっかり気に入ってくれたようですね。「うちでも犬を飼いたい」と言い始めているというではないですか。

あなたも奥さまの由紀さんも、これまでペットを飼った経験がないので躊躇をされているそうですが、私は思いきって飼うことをお勧めします。

ペットと一緒に暮らしてみると、犬も猫も人間と同じように、豊かな感情を持った動物であることがよくわかります。しかもその感情表現がとてもピュアなので、本当にかわいくて愛しいのです。

特に犬は、飼い主のことを100%信頼して寄り添ってきますからね。「こいつには絶対に悲しい思いをさせてはいけないな。ちゃんと守ってやらなければ」という気持ちにさせられます。相手が純粋なぶん、こちらも純粋な気持ちになるのです。残念ながら人間同士の付き合いだと、なかなかこうはいきません。

ですからペットを飼うことは、思春期の娘さんにとってはとてもいいことだと思いますよ。生きとし生けるものを慈しむ気持ちを育む機会になります。

また夫婦にとっては、これから息子さんや娘さんが社会人になって家を離れ、さびしい思いをすることがあったとしても、ペットがすぐそばにいてくれることで、励まされ、癒やされ、和みます。

そして何より夫婦の共通の話題が増えます。ペットを介して、夫婦の絆が深まるのです。

私たち家族は、ずっとペットを飼ってきました。今は犬が3匹ですが、以前は猫を飼っていたこともありました。

中でも思い出深いのは、ペルという猫です。１９８７年に生まれて２００９年に亡くなったので、20年以上も生きたわけです。人間でいえば１００歳ぐらいの年齢に当たりますから、大往生ですね。

ペルは、我が家の歴史をつぶさに見てきました。妻が肝臓病で入退院を繰り返すうちにうつ病を患って自殺未遂をしたときも、私が会社での激務と家庭でのことの両立に疲れ果ててへたり込みそうになったときも、ペルはすぐそばで私たちに寄り添ってくれていました。

一時期私は、妻とふたりだけで暮らしていたことがありました。当時妻は重い肝臓病を患っており、1年のうちの半分は入院していました。

そうしたときは、仕事を終えて夜に家に帰ってきても私ひとりです。帰るとペルに話しかけてしまいます。「今日会社で、こんなにどうしようもないことがあってね。いや、参ったよ」と……。昼間会社の中で、上司や部下と交わす会話のほとんどは業務に関するものです。だからひとり暮らしだと、自分の内面を打ち明ける相手がいなくなります。そんなときペルが話し相手になってくれたのです。

ですからペルには、私たちがつらいときやさびしいとき、どれだけ癒やされ、心の支えになってくれたかわかりません。一度は庭に侵入してきたよその猫を追いかけているうちに家に帰れなくなり、3ヵ月ぐらいいなくなってしまったことがありました。あのときは家族みんなで、「きっともう戻ってこられないだろうね」とあきらめかけていました。でも彼はある日帰ってきました。体じゅうが真っ黒になって、がりがりに痩せてしまっていました。

ペルが亡くなったのは、妻がうつ病から快復し、我が家にもようやく平穏が訪れてからのことです。ある日会社で仕事をしていたら、娘から「ペルさん、死んじゃった」というメールが届きました。家に帰ると、娘も妻も泣いていました。妻は「ペルはずっと私のことを心配してくれていて、私が快復したのを見届けて、安心してあの世に行ってしまったんだわ」と話していました。

今飼っている3匹の犬たちのうちの長男坊は、シーズーのリョウです。2002年生まれですから、彼もまた私たち家族の歴史をよく知っています。

私が会社勤めをしていた頃は、妻は昼間は家でひとりぼっちでした。さびしくてどうしようもないときには、リョウと一緒によく散歩に出かけていたようです。リョウもまた、私たち家族のうちの誰かの心が折れそうになったとき、その人なつっこいしぐさと表情で、私たちを支えてくれたのです。

しかし、そのリョウがつい先日、亡くなりました。家族全員、まだ立ち直れていません。しかし、リョウが亡くなるとき、とても心に残ることがありました。リョウは13歳、人間でいえば70歳という高齢犬でした。最近になって急激に動きが緩慢になり心配していたのですが、突然、具合が悪くなり、家族が病院に連れて行きました。私は仕事でついて行けなかったのですが、動物病院での点滴でなんとか容態が安定して家に戻ってきました。自宅に戻ったリョウを家族全員で迎え、私がリョウの背中を「よく帰ってきたね」となでると、嬉しそうに尻尾を振ったのです。そして、次の瞬間、リョウは天国へと召されました。私たち家族は、リョウが私たちに最後の挨拶をするために一生懸命、生きて家に戻ってきてくれたのだと思いました。ペットが亡くなるのは悲しいことですが、彼らは家族の大切さや生きることの大切さを教えてくれるかけがえのない存在でもあるのです。

家族のさまざまな思い出の場面の中には、必ずその記憶の映像の中に犬や猫たちが映り込んでいます。私たち家族にとってはなくてはならない存在です。

あなたの娘さんのりっちゃんは、犬を飼いたがっているわけですから、山本家でもペットを飼うとすれば、やはり犬になるんでしょうね。

犬を飼っているといいことがもう一つあります。

犬を飼っていると、毎日散歩に連れて行かなくてはいけませんよね。すると同じように犬を連れて散歩をしている飼い主さんと、道路や公園ですれ違うことがあります。

そんなときはお互いに挨拶を交わします。そして毎日「おたくのワンちゃんは何歳ですか？」「動物病院はどこに通われていますか？」といった世間話をしているうちに、だんだんと親しくなっていきます。お互いに犬好きだということがわかっていると、それだけで親近感が湧くので、仲良くなりやすいのです。そうやって犬を介して、近所に知り合いができていくのですね。

あなたは以前、「自分は会社の仕事ばかりの生活を送ってきたので、地域に知り合いがひとりもいない」という話をしていたことがありましたよね。そういう意味では、犬を飼うというのは、地域デビューのよいきっかけになりますよ。

どうでしょうか。飼いたくなってきましたか。

もし何か不安や疑問があるのなら、いつでも連絡してきてください。ベテラン飼い主の私がじっくりと相談に乗りますよ。

とはいえ私は、最近娘たちから「お父さんは犬を甘えさせすぎだよ。もっとちゃんとしつけなきゃ」と叱られていますから、あまり立派な飼い主ではないかもしれませんが……。

【19通めの手紙】

会社で得た能力を社会に活かす

山本さんは以前から「ボランティア活動がしたい」と話していましたが、50歳になったのを機にいよいよ始められたそうですね。不登校になったことなどが原因で高校を中退したものの、もう一度学び直して高卒認定資格を得たいという若者のために、数学や英語などの勉強を教える活動なのだそうですね。

あなたは娘さんが中学生のときにいじめに遭ったことをきっかけに、今の学校のあり方や教育の問題に強い関心を抱くようになっていました。若者に勉強を教えるというのは、あなたの興味関心にも合致したとてもいい活動なのではないでしょうか。若者たちが相手なら、勉強のことだけではなくて、「社会とはどういうものか」とか「働くとはどういうことか」といったことについても、あなたの経験を通じて、彼らに伝えることができるでしょう。

私は、大人が何らかの社会貢献的な活動に参加することとは、自分自身が社会に育ててもらったことへの当然の恩返しとして、本来は誰もが取り組むべきだと思っています。

よく「会社をリタイアしたらゴルフ三昧の生活を送りたい」「趣味のカメラに打ち込んでみたい」といったことを口にする人がいます。確かに趣味は、その人の生活を豊かで楽しいものにさせます。また芸術鑑賞などは特にそうですが、趣味を深めることで、物事の奥深さを知ることができます。

ただし趣味の場合は、どんなに技能を磨いたり造詣を深めたりしても、あくまでも「自分がそれを楽しむ」というレベルで終わってしまいます。一方で社会貢献的な活動は、直接誰かのために自分を役立てることができます。

もちろん私たちは、会社の仕事を通じて、既に社会的な貢献を果たしているといえます。食品メーカーが安心で安全な食品を食卓に提供するとか、航空会社が飛行機を事故なく定時で運行するといったことも、立派な社会貢献です。

ただしせっかく会社での仕事を通じて、私たちはさまざまな知識や技能、幅広いモノの見方や考え方を身につけたわけですから、その能力を会社以外の場所でも社会貢献に役立てるべきというのが私の考えです。

ちなみに社会貢献とか社会奉仕というと、「自分を犠牲にして人のために尽くす」といったイメージを持つ人も多いと思います。しかしそうではありません。人には「誰かの役に立ちたい。誰かに必要とされたい」といった欲求が本能的に備わっています。人の役に立つことは、相手に喜んでもらえるだけではなく、自分自身にとっても喜びになるのです。

山本さんは、自分の興味関心にぴたりとはまる活動を見つけられたようですが、中には「社会貢献的な活動には興味があるけれども、何をすればいいかわからない」という人もいるようですね。

何に取り組むかについては、その人が置かれている環境のなかで、自分が培ってきた知識や技能を活かせそうなものや、問題意識に合致するものを選んでいくのが一番いいと思います。

私の場合は長男が自閉症でしたから、横浜市自閉症児・者親の会などの活動に参加してきました。その会では、副会長を務めた時期もありました。

今は少し変わってきているのかもしれませんが、こうした活動に積極的に参加するのは、ほとんどが母親です。父親で熱心に参加していたのは、ほんの2人か3人程度でした。「いったい世の父親は何をしているんだろう」と、考え込まされてしまったぐらいです。

私のような組織で働いている男性は、親の会ではとても重宝がられることになります。その会では横浜市に要望書を出して、市の職員と折衝をおこなうことがあります。会計や庶務などの事務作業も発生します。こうしたことなら普段から会社で交渉事や事務作業に慣れているサラリーマンの男性に合っています。

またミーティングのときなどにお母さん方からよく言われたのは、「男性がひとりでも入ってくると、議論の中身が大きく変わってくる」ということでした。女性だけだったら思いつかないような視点や切り口から意見を言うので、大変助かるというのです。女性ばかりの集団に男性が入ることで、違った価値観や考え方が導入される、一種のダイバーシティというやつですね。

ですから私は社会的な活動は、性別も職業も年齢も多様な人から構成されていることが大切だと思います。そのほうがさまざまな意見が出て組織はより活性化します。

また個人にとっても、普段自分とはまったく違う世界で生活している人の生き方や考え方に触れるのは刺激になります。

社会的な活動に参加することのもう一つのメリットは、人的ネットワークが広がっていくということです。

これは社会貢献的な活動ではないのですが、私はある社外勉強会にもう30年近く関わっています。勉強会のメンバーは、私が入会した当初は、官民の課長クラスの人が集まり、ある研究テーマを決めて調査や研究をおこなうというものでした。

勉強会がある日は議論したあとそのまま飲み会に突入するのですが、これも興味深かった。それぞれの業界で今何が問題になっていて、その背景にあるのは何かといったことを、現場にいる人間ならではの臨場感のある言葉で話してくれます。新聞やテレビのニュースでは知りえない情報が山盛りでした。

その勉強会で知り合った方が、勤務していた会社を60歳で定年退職することになりました。その方は本来、その会社でトップクラスまで昇進して当然の人物だったのですが、上司との折り合いが悪かったのか、社内では出世できませんでした。「こんな有能な人がこのまま終わってしまうなんてもったいない」と思った私は、その方に私の会社の経営塾の主査になってもらいました。

するとその方は主査を務めたことが自信ともなり、そのあと、ある大学の教員公募に応募したところ、すんなり採用となり、第二の人生を大学教授として全うすることになったのです。その方は、私に感謝しなくてはと言ってましたが、感謝をするのは私のほうです。
もしその方が、社外活動に参加せずに会社の仕事だけをしていたならば、ネットワークが広がらず、第二の人生が開けてくることもなかったでしょう。

こんなふうに社会的な活動は、思わぬ人生の広がりをもたらしてくれることがあります。

これまで自分が会社の仕事を通じて培ってきた能力を、今度は会社以外の場で発揮してみることは、また新しい展開につながります。するといろいろな人から喜んでもらえ、社会の役に立っているという実感が得られます。社会に貢献できるだけではなく、自分自身も充実感や達成感を得られるのです。

だから山本さんも、自分でこれはというボランティア活動に力を注いでください。それはあなたの人生を必ず豊かなものにするはずです。そしてそこで得られた成果を、また私に教えてください。

【20通めの手紙】

50歳からの読書は最高の友人

私は30歳の頃に自分の手帳に、「多読家に仕事ができる人は少ない」というメモを書いたことがあります。当時周りに何人か多読家の人がいたのですが、どういうわけかそういう人の中で、仕事ができる人は少ないと感じていたからです。

山本さんは確か、本が好きで多くの本を読んでいましたね。

私は一般的に多読家は本を読んで知識を吸収することに関心があって、その知識を実践に活かすことが少ないのではないかと感じていました。実践に活かそうとするならばそちらのほうも忙しくなるので、多読をしている余裕はあまりなくなります。

とはいえ、若いときの多読はけっして無駄ではありません。若いときはなんといっても知識や経験が不足していますから、読書はその知識不足や経験不足を補ってくれます。またある1冊の本と出会ったことがきっかけで、「自分はどう生きたいのか」「何をしたいのか」という目標や志が見つかることも少なくありません。そういう本と出会うためには、ある程度の量を読み込むことが必要となります。

ただし読書には、収穫逓減の法則が成り立ちます。

収穫逓減の法則とは、経済学の用語で「収穫を増やすために資本や労働の投入を増加させると、収穫量は全体としては増加するが、その増加率は次第に小さくなる」というものです。読書量を増やせば、得られる知識や知見は増えますが、読書量を2倍にしたからといって、得られる知識や知見が2倍になるわけではありません。読書量を増やせば増やすほど、得られる知識や知見の増加率は減少していき、効率が悪くなっていきます。

特に50歳にもなれば、収穫逓減の法則がより顕著になっていきます。知識や経験をそれなりに積んでいますから、本を読んだときに、「これは既に知っていることだな」とか「これはほかの本にも書いてあったぞ」といったことが増えていきます。また小説などは、若いときは何を読んでも面白いものでしたが、だんだんと目が肥えてくるので、「当たり」に出会う機会も減っていきます。

ですからある程度の年齢になってからは、読書の仕方を変えていく必要があります。多読乱読で手当たり次第に読んでいては、時間を無駄にしてしまう確率が高くなります。そこで自分の糧になりそうな本を精選したうえで、1冊の本を深く読み込んでいくようにするのです。

あなたのような読書経験が豊富な人であれば、書店に行って何冊か立ち読みをすれば、その本が知的欲求を満たすものであるかどうかは、すぐに判断することができるでしょう。自分の直観で「これは、きっと当たりの本だな」と感じたものだけを選んで、時間をかけてじっくり読むようにすればいいのです。

また読書をすることの目的の一つに、「本を通じて、自分の価値観やモノの見方を確立する」ということがあります。

価値観やモノの見方の確立期にあたる20代から30代の時期は、視野が狭く偏ったものにならないように、ある主張をしている人の本を読んだとしたら、次にまったく別な主張をしている人の本を読むといったように、バランスを意識した読書を心がけることが大事です。そうやって違った考え方に触れながら、自分自身のオリジナルな価値観やモノの見方を徐々に確立していくのです。

キングスレイ・ウォードは『ビジネスマンの父より息子への30通の手紙』の中で、聖トマス・アクイナスの「一冊の本しか読まない人に気をつけよう」という言葉を紹介していますが、まさに言いえて妙です。1冊の本を読んだだけで、世界を知った気になってはいけません。別の本を読めば、世界はまったく違う描かれ方をしているものですからね。

一方50代にもなれば、自分の価値観やモノの見方は、既にある程度確立されています。そのため今後は、自分の価値観やモノの見方を確立するための読書ではなく、深めるための読書が大事になってきます。若いときとは、自ずと選ぶ本が変わってきます。幅広い読書ではなく、絞り込んだ読書になっていきます。

価値観やモノの見方を深めるためには、「これだ！」という本に出会ったときは、読み飛ばさないようにすることも大事です。

どんなに良書に出会ったとしても、読みっぱなしのままだと、人はすぐにその内容を忘れてしまうものです。そこで私は有益だと感じた本については、ノートに本の内容や、著者の主張に対する自分の考えなどを、詳細に書くようにしています。そして折に触れてメモを読み直すことで、その内容を自分のものにするようにしているのです。

と、ここまで私は「歳をとったら、読む本を絞り込みなさい」ということを述べてきました。

しかしまったく逆に、時には意識的に浮気をしてみることもオススメします。普段は書店の中でも足を運ばないようなコーナーに赴いて、手に取らない本を買って読んでみるのです。いつもはビジネス書や歴史書ばかり読んでいる人であれば、たまには科学系のジャンルの本を読んでみるというふうにです。

読書の喜びの一つに、「それまで知らなかった世界のことを知る」ということがあります。私たちの脳は、自分があまり知らないことに出会ったときに活性化します。またたとえば科学系の本を読んでいるうちに、「この内容はビジネスのこの部分に活用できそうだな」というふうに、異なるジャンルの知識と知識が結びついて、シナジーが生まれることもあります。だから守備範囲以外のジャンルの本に、あえて意識的に手を伸ばすことも大切です。

ただしあまりこれをやりすぎると、本の選び方や読書の仕方が散漫になっていきますので、あくまでも〝浮気〟程度でいいと思います。

50代になれば、若いときと違って、残されている読書時間の総量が限られてきます。「死ぬまでに、あと何冊本を読むことができるだろう」と計算してみれば、それほどの量は読めないことに気づかされるはずです。

だとすれば一冊一冊の本を精選し、その内容を深く吸収していくことを意識しながら読むことで、中身の濃い読書時間にしていきたいものです。

もし山本さんが、若い頃と同じような読書の仕方を今も続けているのであれば、そろそろ自分の読書スタイルを見直すべき時期に来ていますよ。

「仮に残された人生の中で、あと10冊しか本が読めないとすれば、何を選ぶか」

そんな観点で読むべき本を絞り込んでいけば、自分が本当に必要とする本だけを選ぶことができるようになると思います。

限られた時間を大切に使いましょう。

【21通めの手紙】

悲観は気分のもの、
楽観は意志のもの

今あなたが配属になっている部署は、けっして花形ではありません。むしろ会社では傍流とされています。だから今の部署への異動を告げられたとき、あなたはひどく落ち込んでいました。

けれども最近のあなたの姿を見ていると、与えられたその場所で、リーダーとしての役割を懸命に果たそうとしている姿が伝わってきます。「うちの部署にも20代や30代前半の若い連中が何人もいるんです。私がここにいる間に、何とか彼らに成功体験を積ませて、自信をつけさせてあげたい」と、あなたは話していましたね。その話を聞いたとき、「やっぱり山本さんは優れたリーダーだな」と私は思いました。

私のリーダーの定義は、「周りの人たちに勇気と希望を与え、元気にする人」というものです。

花形部署で華々しい業績をあげている部長や課長が、必ずしも優れたリーダーであるとは限りません。どんなに成果をあげたとしても、自分の都合に合わせて部下を将棋の駒のように扱ったり、平気で切り捨てたりといった人は、真のリーダーとは呼べません。

一方あなたは、いつも部下のことを考えています。いずれあなたが定年を迎えて会社を去るときには、たくさんの部下や後輩が、「山本さんと一緒に働くことができてよかった」「山本さんと出会ったおかげで、自分は成長できた」と言ってくれることでしょう。

リーダーとして、人として、こんなに嬉しいことはありません。

私自身のことを振り返っても、成し遂げた仕事の大きさそのものよりも、その仕事を部下とともに成し遂げることができたということに、深い喜びを感じていました。その喜びを味わいたくて、仕事をしてきたといっても過言ではありません。

そして私が退職したあとも、私のことを慕って連絡をしてくれるかつての部下や後輩がいるというのも、私にとって大きな喜びです。

「周りの人たちに勇気と希望を与え、元気にできるリーダー」であるためには、まず自分自身が勇気と希望を持ち、明るく元気でなくてはいけません。しかしこれはなかなか大変なことです。

管理職の仕事は、本当に苦しいことが多い。業績が悪化したときには、立て直しに対するプレッシャーが重く肩にのしかかります。また業績がよくなったらよくなったで、

「もっと稼げ」「利益率を上げろ」と、上からノルマを課されます。あなたもその苦しさと戦いながら、日々リーダーとしての役目を務めあげようとしていることだと思います。

苦しいときに私がよく思い起こしていたのは、ウィンストン・チャーチルの「悲観主義者はどんな機会を与えられても困難を見つけ、楽観主義者はどんな難しい状況でも機会を見つける」という言葉でした。

またフランスの哲学者のアランは、「悲観主義は気分のものであり、楽観主義は意志のものである」という言葉を残しています。

私たちは解決困難な問題に直面したときに、そのときの気分に任せていると悲観的な気持ちになります。それはそうです。誰だって解決困難な問題にぶち当たれば、思わず弱音を吐きそうになるものです。しかし悲観しているだけで行動を起こさなければ、何も状況は変わりません。

だからアランが言うように、「この問題はきっと解決できる。何か解決の糸口があるはずだ」という意志を持って楽観的に物事を考える必要があるわけです。

ダイエーの創業者の中内㓛《なかうちいさお》さんは、「ネアカ、のびのび、へこたれず」を座右の銘として口癖にしていたそうです。苦しいことがあって、気分が沈み込みそうになったときには、「ネアカ、のびのび、へこたれず」と自分に言い聞かせる。そうやって元気を取り戻したというのですね。

元気になるには、自分を鼓舞してくれるような本を読んだり、映画を観たりという方法もありますが、これだと時間がかかります。けれども「ネアカ、のびのび、へこたれず」であれば、5秒で言えるのがいいところなのだそうです。

リーダーが意志を持って明るく元気でいると、チームの雰囲気も変わります。

部署の中で大きな問題が起きて重い雰囲気になっているときでも、リーダーだけはいつもと変わらない表情で出勤をして、みんなに明るく「おはよう」と声をかけます。するとメンバーも平常心を取り戻すことができます。そして会議のときは、悲観的な発言ではなく、「こうすれば解決できるのではないか」という建設的な発言を心がける。みんなの気持ちを前へと向かせるためにです。

私が親に感謝しなくてはいけないのは、持って生まれた性格なのか、割とこうしたことが自然にできたということです。ただ半分は後天的な努力によるものです。みんなの前では、できるだけ笑顔でいることを意識的に心がけるようにしていました。その心がけを毎日実践していると、習慣化して、やがて無理をしなくてもいつも笑顔でいられるようになります。私は40代半ばぐらいからは、いつも笑顔を絶やすことがない人間になれていたと思います。でも、それはたぶんあなたも同じですよね。

意志を持って楽観的であることは、プライベートにおいても大切です。

ある本に「50代は、もっとも幸福感が下がる年代である」ということが書かれていました。その本によると、定年が間近になったり、子どもが独立したり、離婚が増加したりなど、不幸を感じる要因が増えることが原因だそうです。そのほかにも50代は、大病をしたり、リストラされたりといった不幸や苦労に見舞われやすい年代にも当たります。

もちろん若い頃だって、進学や就職に失敗したり、失恋をしたり、下積みが長く続いたりといったように、それなりに不幸や苦労はあります。

ただ50代が若い頃と違うのは、背負っている荷物が重いぶん、失敗や不幸に見舞われたときのダメージも大きいということです。若いときには「失敗しても、またゼロからやり直せばいいや」と思えたけれども、歳をとると、なかなかそうは思えなくなります。若いときと違って、巻き返しのチャンスも少なくなってきますしね。

しかしそんなふうに心が不健康になりやすい年代であるからこそ、いい意味での開き直りというか、「なるようになるさ」という楽観主義が求められるのです。

私も家族のことでつらいことが続いたときには、それは苦しかったです。何しろ長かったですからね。「いつになったらこのトンネルを抜け出すことができるのだろうか」と思ったものです。でもどんなに苦しい夜を過ごしたとしても、朝が来たら気持ちを切り替えて、「いつか必ずよい日が来る」と自分に言い聞かせていました。

その楽観主義があったから、私はさまざまな不幸や苦労を乗り越えることができたのだと思います。

だから山本さんにも、「悲観主義は気分のものであり、楽観主義は意志のものである」という言葉を贈ります。どうか苦しいときほど、意志を持って楽観的に生きてください。

その楽観主義が、困難な局面を打開する突破口になります。

【22 通めの手紙】

50代からの旅は、驚きは少ないが味がでる

山本さんは最近、旅はしていますか。

30代から40代にかけては、ゆっくりと旅をするのが難しい年代です。まず仕事が忙しくて時間がとれません。また子どもを連れての家族での旅行ということになると、出費がバカにならない。「ただでさえ家のローンや教育費などでお金がかかるのに、そのうえ旅行なんて……」ということになりがちです。だから旅といっても、1泊2日程度の近隣の旅行ぐらいで済ませるケースが多くなります。

でも50代になれば、子どももそろそろ独立の時期を迎えますし、時間的にも精神的にも少し余裕が出てきます。

山本さんのご家庭も、息子さんは大学生になられたわけだし、娘さんも高校生ですから、そろそろ夫婦ふたりだけでの旅を楽しめる環境になってきたのではないでしょうか。「いやいや、息子の大学の授業料を払うのが大変ですから、旅行に使うお金があったらそっちに回したいです」とあなたは言われるかもしれません。でも別に贅沢旅行をする必要はありません。無理のない範囲でプランを立てて、旅をしてみるといいですよ。

旅をするなら、感性が豊かな若いときのほうがいいという考え方があります。でも私は必ずしもそう思いません。

歳をとってからのほうが、歴史や文化に関する造詣も深くなっていますし、本物と偽物を区別する力も身についています。歴史上の先人たちに対する畏敬の念も深まっています。つまりモノを見る目が、若いときより肥えています。

私は新婚旅行では、パリ、マドリード、ジュネーブ、ロンドン、ローマと、ヨーロッパをめぐりました。私が結婚をした1970年当時は、新婚旅行に限らず、ヨーロッパに旅行に行く人は、弁護士や医者、経営者といったよほどリッチな人だけでした。仕事でも、私の会社の場合は海外出張ができるのは課長以上と決められており、そうそうチャンスはありませんでした。

けれども私はせっかく休みをとるのだから、かねてから行きたかったヨーロッパに行こうと決めたのです。費用はふたり合わせて約120万円。今の物価に換算すれば、600万円くらいでしょうか。もちろんそれだけのお金を一括で払えるだけの余裕はありませんから、ローンを組みました。

そのときは、日本を飛び立って、まずフランスのシャルル・ド・ゴール空港に到着し、バスでパリの市街に入っていったのですが、そのときの胸の高鳴りは自分でも驚くほどでした。「あれがいつも写真で見ていたエッフェル塔なんだ、セーヌ川なんだ、ノートルダム寺院なんだ」と、何を見てもドキドキしていたのです。

旅をしていて、あれだけ心臓の鼓動が速くなったのは、後にも先にもあのときぐらいです。

一方、当然といえば当然ですが、歳をとってからの旅行の場合は、ドキドキ感はずいぶんと薄れます。

私はその後パリには、フランスの企業との買収交渉の仕事で、一度訪れたことがあります。そのときは1日早くパリに入り、プライベートでパリを散策する時間を作りました。思想家のジャン・ジャック・ルソーの墓を訪ねたり、美術館でレンブラントの絵を楽しんだりしたのですが、若いときとは違って、ずいぶんと落ち着いて一つひとつのものを見て回ることができました。

歳をとってからの旅行は、若いときと比べれば驚きは減ります。しかしそのぶん味わい深さが出てきます。

ルーブル美術館にしても、若いときは見るものすべてに圧倒されていました。でも今だったら、鑑賞したい作品を選んだうえで、じっくりと味わうことでしょう。

また先日私は学生時代以来、久々に北海道の美瑛《びえい》を訪ねました。なだらかな丘陵に、ポツンと1本のポプラの木が立っていて、夕方になって日が沈むとともに、空や大地の色合いがみるみるうちに変わっていく様子を見るのは、何とも味わい深いものでした。普段生活をしている日常世界とはまったく別の世界に、迷い込んでしまったような気持ちになりました。

でも、学生時代に美瑛を訪れたときには、仲間と一緒で楽しかったことは覚えているのですが、風景の美しさについては、あまり感慨を覚えた記憶がないのです。あのような神秘的風景を味わうには、まだ精神的に幼すぎたということかもしれません。

歴史小説家の司馬遼太郎《しばりょうたろう》さんが『街道をゆく』という歴史紀行集を書いています。全部で43巻もあり、司馬さんにとってライフワークといえる作品です。

あの紀行集の中で司馬さんは、文化財や名所になっておらず、普通の人だったら見過ごしてしまうような何気ない風景に足を止め、その町や街道の歴史に思いをはせます。彼の語り口に身を委ねていると、その町に生きた人々の姿や、街道に起きたさまざまな歴史的な出来事があざやかに甦《よみがえ》ってきます。

私が参加しているある経営塾で、『街道をゆく』シリーズの1冊である『ニューヨーク散歩』が課題図書になったことがありました。司馬さんはそれまで一度もニューヨークに行ったことがなかったのですが、「きっと司馬さんだったら、ほかの人とはまったくちがう視点でニューヨークという街を解釈してくれるのではないか」と考えた編集者が、彼に依頼をしたのです。事実『ニューヨーク散歩』は、ほかのどんな紀行集や観光案内とも異なる独自の視点を私たちにもたらしてくれます。

これは司馬さんが長年にわたって歴史についての知識を深め、考察を重ねてきた人だからこそできることです。『街道をゆく』を読んでいると、「何と豊かな旅ができる人なのだろう」と感じさせられます。

私たちは、司馬さんほど歴史に対する造詣は深くありません。けれども自分なりに知識を積んでいます。私はお城が好きで、講演会などで地方に伺う機会があったときには、できるだけその街のお城に登るようにしているのですが、お城巡りを続けるうちに、次第にお城の細部にまで気づくことができるようになりました。

歴史だけではありません。美術に興味に持っている人ならば、旅行先の美術館で同じ作品を見ても、若い頃とは解釈の深さが違ってくるでしょう。料理が好きな人なら、いろいろなものを食べてきたぶん、ちょっとした味の違いを感じとる力が磨かれているはずです。

さらに人生の重みについても、若いときより知っています。私は56歳のときに山形県の出羽三山に即身仏を訪ねる旅をしたことがありました。即身仏とは、善行を積んだ僧侶が山に籠もり、穀物を断って木の実や草の根を食べながら修行を重ね、最後は土の中に石室を築いてそこに入り、衆生済度《しゅじょうさいど》を祈りながら坐禅をしつつ死を迎えたものです。

静寂の中で即身仏と向きあったとき、私はその存在感に圧倒されるとともに、自分の人間としての小ささを実感しました。いくら自分が部下のため、お客様のため、社会のためと思って働いているとしても、人々の幸せを願って即身仏になった僧侶の生き方には到底及ばないと感じたからです。

もし私が20代の頃に出羽三山の即身仏を訪ねたとしても、それなりに感動したでしょう。けれどもその質や深さは違っていたと思います。50代になり、人生の経験を積んできたからこそ、即身仏になることを目指した僧侶の生き方や姿に、より深く心を揺さぶられたのだと思います。

そう考えると、旅は歳をとってからのほうが断然楽しいと言えます。

若いときの旅は、ただ見るもの聞くものが目新しくて、胸をときめかせていました。けれども50代以降は、目新しさに惑わされずに、じっくり本物を味わう余裕が出てきます。また本物を味わう力もついています。

旅の面白さが、本当の意味でわかってくるのが50代からなのです。

山本さん、旅をするならこれからですよ。

【23通めの手紙】

いくつになっても、「今」を生きる

先日あなたは私に、「何歳まで働かれるつもりですか?」と聞かれましたよね。私は「身体が動く限り、働き続けるつもりだよ」と答えました。あなたはちょっと意外そうな表情をしていましたが、私は本心からそう思っています。

生きている限りは、なにがしかの目標を持って、未来に目を向けながら、今を懸命に生きていたい。そう思うのです。

私には「こんな生き方がしたい」と憧れている先人がふたりいます。ひとりは浮世絵師の葛飾北斎《かつしかほくさい》。もうひとりは良寛《りょうかん》和尚です。

北斎の筆力は、歳をとるにつれて高まっていきました。『富嶽百景』や『八方睨み鳳凰図』をはじめとして、代表作の多くが70代から80代にかけて描かれたものです。

そして北斎は、90歳のときにこの世を去ります。辞世の言葉は「天我をして五年の命を保たしめば、真正の画工となるを得べし」(天が私にあと5年命を保つことを許してくれたならば、私は本物の画工に成り得たであろうに)というものでした。

北斎にとって、老いなんてものは関係ないことでした。ただ「今日よりは明日のほうがもっとよい絵が描けるはずだ。描けるようになりたい」という思いだけで、一心不乱に生きたのです。

一方、良寛和尚は、「災難に逢う時節には災難に逢うがよく候　死ぬる時節には死ぬがよく候　これはこれ災難をのがるる妙法にて候」という言葉を残しています。これは「災難に遭ったときには、災難を受け入れればいいのです。死ぬときが訪れたら、静かに死を受け入れればいいのです。これが災難に遭わない一番の方法です」といった意味になります。

私の理想は、北斎のように身体が動く限りは自分がやるべき仕事に取り組み、死を迎えるときには、良寛和尚のように「死ぬる時節には死ぬがよく候」というすっきりした気持ちでこの世を去ることです。

「やり残したことは何ひとつない。十分やりきった」と、澄みきった青空のような境地で死を受け入れることができたなら、こんなに幸せなことはないと思うのです。

ただそんなふうに悔いなく死を迎えるためには、今自分にできることに、いつも精いっぱい取り組んでいなくてはいけないということです。

会社員には定年という制度があります。また定年からしばらくすると、年金の支給も始まります。そのため定年になって年金生活が始まると、何となく「あとは余生」という気持ちになりがちです。

けれども定年は、会社が雇用の都合で設けている仕組みに過ぎません。年金も、社会保障制度の設計上「支給は65歳からにしましょう」と、便宜的に決めているだけのことです。だから会社や国の都合に合わせて、自分の人生までリタイアする必要はまったくないのです。

一方、画家には定年がありません。いくつになっても高みにのぼることを目指して、創作活動に励み続けます。北斎に限らず、ピカソは92歳まで、マティスは85歳まで生きましたが、その死の直前まで絵筆を握り続けていました。そして晩年になっても挑戦心を忘れず、画風も変化し続けていました。

私たちが、どうして彼らのように生きてはいけないというのでしょうか。特に現代は、人生80年の時代です。60歳で定年退職を迎えたとして、20年も残っています。山本さんは今50歳ですから、あと30年あります。できることはいっぱいあります。

「働く」といっても、別に報酬が伴う仕事をするだけが働くことではありません。これまで培ってきた技術や経験を活かして、海外シニアボランティアとして国際貢献に協力するといったことも、素晴らしい働き方です。

ともあれ今を精いっぱい生きないと、もったいないというものです。

「昨日は過ぎ去った。明日はまだ来ていない。私たちにあるのは今日だけ。では始めましょう」

これはマザー・テレサの言葉です。私にとっても、あなたにとっても、あるのは今日だけです。「あのときはよかった」と過去を懐かしがったり、「あのときああしていればよかった」と過去を悔やんでも、どうしようもありません。

「日々新たなり」という気持ちで、一日一日を精いっぱい生きる。いくつになったとしても、今を生きることが、悔いのない人生を全うすることにつながります。

より良い人生を実現したいなら、生涯現役を志すべきです。

【24通めの手紙】

いつ死んでも「悔いのない」自分になる

学生時代の親友を、がんで亡くされたそうですね。

「本当にさびしいものですね。でも彼が亡くなる2ヵ月前に、ふたりっきりで語り合う時間を持てたんです。その時間があったから、私はちゃんとあいつにお別れを言うことができました」

と、あなたは話していました。

その親友は、自らの死期を悟っており、家族に向けて遺書を残したり、お金や持ち物の整理をしたり、大切な友人や仕事でお世話になった人に挨拶をしたりといったことを済ませたうえで、旅立たれたそうですね。

そんなに若い年齢で前途を断たれるだなんて無念で仕方がなかったでしょう。遺された奥さまやお子さんのことも気にかかっていたと思います。

それでも死の直前に、やるべきことは全部やり遂げたうえで亡くなられたのは立派です。その方としては、できる限り悔いなく、人生を全うされたかったのでしょうね。

先日の手紙で私は「人生80年の時代だ」と書きましたが、現実には人それぞれです。50歳で亡くなる人もいれば、100歳まで生きる人もいます。そして私たちは、自分がいつ亡くなるのかを自分では決めることができません。

あなたが親友を亡くされたように、50代に入ったぐらいの頃から、同世代の知人や友人が亡くなるということがちらほらと増えてきます。そんなときはふと、「もし今自分が亡くなったとしたら……」といったことが頭をよぎりますよね。けれども日常の忙しい生活に身を置くうちに、いつしかそうした思いは消えてしまいがちです。

しかし50歳ぐらいになってからは、「自分もいつ死ぬかわからない」ことは、常に意識しておいたほうがいいと思います。病気になるリスクは、若いときと比べると、ずっと高くなっているわけですからね。80歳や90歳まで生きることを見据えながらも、その一方で、もし今日や明日死ぬことになったとしても、悔いが残らない生き方をすることを心がけるのです。


もし自分が明日亡くなることを想像してみると、「これができないままに死ぬのは、やっぱり心残りだな」と思えることが浮かんでくるはずです。

あなたも50年も生きてきたわけですから、既にいろいろなことを成し遂げていると思います。

会社の仕事でいえば、部下育成の達人であるあなたは、将来有望な若手を何人も育ててきました。また営業職についていたときに、あなたが取引先の工場に一生懸命売り込んでいた製品の中には、今では生産ラインに欠かせない製品になっているものがたくさんあります。

そして家庭では奥さまと協力しながらふたりのお子さんを育て、最近では地域のボランティア活動にも参加している。

そういう意味ではあなたは、既に会社や家族や地域や社会に対してさまざまな貢献をしています。

ただしそれでも「まだこれができていない。このままだとちょっと物足りない」という何かがあるのではないでしょうか。私がいつも言っている人生の棚卸しをしてみると、きっと足りないものが見えてくるはずです。

その足りないものが見つかったら、「いつかやろう」ではなくて、今やりましょう。そうすることで、自分の心の中に常に悔いがない状態にするのです。

また亡くなるときには、親しい人や大切な人に伝えておきたいこともあるでしょう。

本当は自分が死ぬ前には、お世話になった方々一人ひとりに挨拶をして回りたいところですが、現実にはそれは無理です。

けれども私たちには、大切な人に自分の思いをあらかじめ伝えておくための絶好の手段があります。それは書くことです。

私が恵まれていたのは、61歳のときに私と私の家族の歴史を綴った『ビッグツリー』という本を出版できたことです。私はあの本の中で、私や私の家族に起きたことや、その中で私が考えたこと、とった行動を、自分の至らなかった部分も含めて、できるだけ正直に書きました。ですから私にとって『ビッグツリー』は、あの時点での私の遺書のようなものです。

また私が知っているある中小企業の社長も、自分のこれまでの経験を、家族や社員や親しい人に伝えたいということで、自費出版で本を出されました。私もその本をいただいて読んだのですが、「あの社長はあのとき、こんなことを考えていたのか」と、知らなかった一面を知ることができました。そして、その方との思い出が鮮やかに蘇ってきました。

人は死ねば、時間の経過とともに人々の心の中でのその人の記憶は次第に薄れていきます。でも本の中で書かれていることは少しも色あせません。

ですからあなたも50歳になったことを一区切りとして、文章を書かれてみてはいかがでしょう。別に私やその社長のように、わざわざ出版物にする必要はありません。小冊子のようなものでも十分です。

あなたは、「学校を卒業して以来、まとまった文章を書いたことがないから、それは無理」と思われるかもしれません。でも私だってそうでしたから大丈夫です。別に作家のような名文を書く必要はありませんし、短いものでもかまいません。親しい人や大切な人に伝えておきたいことを、素直に綴っていけばいいのです。

「書く」ということでは、急に自分がいなくなったからといって家族が困ることがないように、正式な遺書を書いておくことも大事です。私も数年前に、公正証書の形で遺言書を作成しました。

また今準備しているのは、私の親しい友人たちそれぞれに向けて、メッセージ付きの手紙を書くことです。私が亡くなったときには、家内や子どもたちから友人たち一人ひとりに、その手紙を渡してもらおうと思っています。

というのは去年、私の古い友人が闘病生活の末に亡くなったのですが、私には何の連絡もないままに逝ってしまったのです。「最後にお別れの挨拶をしたかったのに」と、大変悲しい気持ちになりました。

私は、私の友人をそういう気持ちにはさせたくないし、私自身も親しい友人にはちゃんとお別れを言いたい。だから手紙を書くことにしたのです。

もちろん私はまだまだ元気で生きていくつもりですよ。「人はいつ死ぬかわからない」と書きましたが、山本さんだってきっとこれからまだ長い人生が待っているはずです。

ただし、そうやって「もしも」のときのために死の準備をしておけば、いつ死んでも悔いのない自分になることができます。

そのぶん安心して、今を精いっぱい生きることができるわけです。今を生きるために、死の準備を怠らないことが大切です。

【25通めの手紙】

家族への思いを文字にする

私の著書の『ビッグツリー』の中には、妻が私宛てに書いた手紙や、私が娘に宛てて書いた手紙など、家族同士で交わした手紙がいくつか載せられています。私の家庭では、一緒に暮らしている家族に手紙を送るという習慣があります。

そのため『ビッグツリー』を読んだある方から、「あなたのご家庭は、みなさん手紙名人ですね」と言われたことがあります。言われてみて気がついたのですが、確かにそういう習慣がある家族は珍しいようですね。

あなたにも聞いてみたところ、「妻には独身のときにラブレターを書いたことがありますが、結婚してからは皆無です。子どもに向けて書いたのは、誕生日のときのメッセージカードぐらいかな」と言っていましたね。

「毎朝顔を合わせている家族に、なぜわざわざ手紙を書く必要があるのか」と感じられる人もいるかもしれません。でも家族だからといって、思っていることを何でも話せるとは限りません。逆に家族だからこそ、面と向かって話すのが難しいこともあるのではないでしょうか。

これまで私は妻や子どもから、心に残る手紙をいくつももらってきました。私も妻や子どもに手紙を書いてきました。私たちが手紙という手段を選ぶときは、心の中に抱え込んでいるさまざまなことを、口頭ではうまく相手に伝えられそうにないと感じたときだったと思います。

心の中で絡みあっている複雑な思いを、対面のコミュニケーションの中で、理路整然と相手に伝えるのはとても難しい。近しい関係であればあるほど、照れや恥ずかしさがありますから、素直に言葉にすることができないものです。また対話だと、言葉のやりとりをしている間に、どうしても話があらぬ方向に進むこともありますよね。

けれども手紙なら、話が多少前後したとしても、もらった相手は辛抱強く読もうとします。また対面だったらとても恥ずかしくて言えないようなことも、手紙であれば比較的素直に言葉にしていくことができます。

ですから家族に伝えたいことがあるのだが、口ではうまく伝えられそうにないというときには、手紙がいいのです。

あなたは先日、珍しく奥さまの由紀さんと夫婦喧嘩になったそうですね。娘さんの教育の問題をめぐって、意見が対立したとか。以来娘さんについての話をすると、また喧嘩になりそうなので、今はお互いにその話題に触れるのを避けているそうですね。ただあなたとしては、大切な娘さんのことですから、奥さまとは感情的にならずに冷静に話したいと考えている。

こんなときこそ、あなたの思いを手紙にしたためて、奥さまに送ればいいと思いますよ。

手紙を書くときに気をつけなくてはいけないのは、相手に対する敬意や愛情を持って言葉を紡いでいくことです。喧嘩をしたあとに送る手紙については、特にその点は留意したほうがいいでしょうね。

逆にそこさえ押さえておけば、あとは思っていることや考えていることを素直に表現すればいい。自分を取り繕わず、飾らず、できるだけ正直に書いたほうが、相手に伝わります。手紙の場合、多少表現が大げさなものになったとしても、それが正直な気持ちから発されたものであれば、相手は受け止めてくれます。

これからも山本さんの家族には、きっといろいろな出来事が起きることでしょう。いいことばかりではなく、悪いことも起きるかもしれない。家族の間にすれ違いが生じることもあるかもしれません。

そんなときこそ手紙が、大切な役割を果たしてくれます。

手紙は家族の絆が切れそうになったときにそれをつなぎ止め、より強いものにする力を持っています。

【エピローグの手紙】

運命を引き受けて その中でがんばる

山本さん、ご無沙汰しています。こうしてあなたに手紙を書くのは、本当に久し振りのことです。

あなたももう53歳になったのですね。早いもので息子さんは大学4年生。経営学の勉強が面白くなって、大学院への進学を志望されているそうですね。また娘さんは大学1年生。なんと将来はエンジニアになることを目指して、工学部で勉強されているとのこと。

そして奥さまの由紀さんについては、思わぬ大病を患い、あなた方夫婦はこの3年間、大変な苦労をすることになりました。でも今ではすっかり快復し、以前と変わらないような日常生活が送れるようになったようですね。あなたがホッとしている様子が、いただいた手紙の文面から伝わってきました。

あなたは手紙の中で、「妻が病気になったことは不幸でしたが、でも私たちは今回のことで本当の夫婦になれた気がします」と書いていました。

奥さまが病院でリハビリに励まれている間、あなたは彼女に寄り添いながらサポートをされていました。また奥さまとは、自分たちのこと、子どもたちのこと、これからの家族のことについて、いろいろと話をされました。だから奥さまが病気になられる前よりは今のほうが、お互いの愛情がより深まったそうですね。

「妻の病気としっかりと向きあってよかったです」とあなたは書かれていましたが、本当にそうですね。

私は、運命を引き受けるという言葉が好きですし、それを自分の生き方としてきました。

私たちの人生はしばしば、自分の力ではどうしようもない大きな波に飲み込まれ、翻弄されるということが起きます。

私の場合は、人生の出発点からしてそうでした。前にもあなたへの手紙の中で少し書いたことがありますが、私の父は秋田でも指折りの商家の次男坊として生まれました。結婚したときには、親から10軒ほどの家を譲り受けており、その家賃収入と銀行員としての収入で、生活には何の心配もないという状態でした。私も、もしあのままあの環境の中で育ったら、今とはまったく違った人生になっていたでしょうね。

ところが父は結核を患い、長い療養生活の末、私が6歳のときに世を去ります。薬代や入院費に多額の費用を費やしたため、父が亡くなったときには、私たち家族の資産らしい資産は自分たちが住んでいる家だけになりました。

そのため母は、幼い4人の子どもを育てるために、働きに出なくてはいけなくなりました。といってもそれまでは専業主婦でしたから、手に職があるわけではありません。そこで父の兄が経営する雑貨卸商の店員として働くことになりました。

母は毎日私たちが起き出す前には家を出て、夜の10時過ぎまで働いていました。1年のうちで休むのは、お正月とお盆ぐらいです。

けれども母は、自分の境遇を嘆いたりはしませんでした。そんな母がいつも私たちに言っていたのが、「運命を引き受けよう。そしてその中でがんばろうね。がんばっても結果が出ないかもしれない。だけどがんばらなければ、何も生まれないじゃないの」という言葉だったのです。

そして母は、私たち4人を大学にまで送り出しました。全員が国立大学でした。母はそれがとてもうれしかったようです。当時の秋田では、兄弟4人が全員国立大学に行くというのは珍しかったようで、そのことが母の苦労話とともに地元の新聞記事にもなりました。

運命を引き受けてがんばると、神様は時々ご褒美をくれることがあります。母にとっては、息子たち全員を大学に行かせることができたというのが、ご褒美だったのでしょう。

そして私自身のその後の人生も、運命に翻弄されることの連続でした。

私の長男は、自閉症という障害を持って生まれました。自閉症とは先天的な病気で、育て方で治るものではありません。私たち夫婦は、彼をサポートするために走り回ることになりました。

また妻は、おそらく病院で注射を受けたときの注射針からB型肝炎ウイルスに感染したことが原因で、やがて肝硬変を発症しました。さらには自分の病気のために家族に負担をかけていることを気に病み、うつ病を併発しました。そして40回以上もの入退院を繰り返し、3回の自殺未遂を図ります。

私は、自閉症の長男のサポートをしながら、妻のうつ病とも向きあうという生活を送ることになりました。そのうえ会社の仕事も激務でした。会社は私にさまざまな部署への異動を命じ、私は東京と大阪を6回も移動しました。

このように私や私の家族は、何かのきっかけで家庭が崩壊するかもしれないという瀬戸際のところで何とか踏みとどまりながら、必死に生きてきました。

でもそうやって運命を引き受けながらがんばっていると、やっぱり神様はご褒美をくれるものですね。

２００３年６月のことです。私は取締役をわずか２年で解任され、グループ会社の東レ経営研究所社長の辞令を受けました。有り体に言えば左遷です。これは私にとって大きなショックでした。

ところがその直後から、妻のうつ病が徐々に快復へと向かっていったのです。理由はよくわかりません。私が激務から解放され、妻と向きあう時間が増えたことで、妻が安心感を抱くことができたからかもしれません。あるいはそろそろ治る時期だったということかもしれません。ともあれ我が家に落ち着いた暮らしが戻ってきたのです。

今の私にとって一番の幸せは、家族で食卓を囲むことです。私たちは家族のそれぞれの誕生月には、必ず誕生日会をしています。イベントがとても多い家族なのです。夕方６時ぐらいから食事会が始まって、夜の10時ぐらいまでずっとみんなで喋り続けます。普通の家族より多くの困難を乗り越えてきたぶんだけ、絆も強固なのです。

運命は、人に幸せをもたらすこともありますし、不幸をもたらすこともあります。あなたの奥さまが急に倒れて病院に緊急搬送されたとき、たまたま病院にはその分野の名医といわれる先生がいて、手術に立ち会ってくださったそうですね。あなたはその幸運に感謝されていましたが、それもまた運命です。

幸運をもたらす運命には、感謝することが大事です。そして不幸をもたらす運命には、その運命を引き受けてその中でがんばります。がんばれば、神様がご褒美をくれることもあります。

いや、もちろん時には運命はあまりにも過酷で、ご褒美をもらえないこともあるでしょう。がんばっても、報われないこともあります。しかしそれでも私たちは運命を引き受けがんばるしかありません。なぜなら私の母が言っていたように「がんばらなければ、何も生まれない」からです。

山本さん、私たちは生きている限り、何歳になっても運命に翻弄され続けます。しかしどんなにそれが苦しい試練だったとしても、逃げ出さないほうがいい。

なぜなら運命を引き受けそれを切り拓くことによってしか、人は幸せを掴みとることはできないからです。

あとがき

私が50代後半の頃、会社の退職金と年金制度の改訂の話が進んでいたとき、同世代の仲間たちが集まって、定年を待たずに退職するのが得か損かの議論で大いに盛り上がりました。

ところが「それでは退職した後に何をするか」という話題になったとき、誰も何も話ができなかったのです。

老後に生きがいを感じるときという問いに、男性が3位に挙げたのが「夫婦団欒の時」。しかし女性は第7位で夫より友人たちとのほうがいいとの回答でした。そして多くの女性は夫にできるだけ外で働いてほしい。家計云々というより、夫が外で働いている間に妻が築いてきた家庭の居場所を守りたいと思っているようです。

今の50代はまだまだ若い。

人生の円熟期を迎え、次の時代をどう生きるかには、少し軸足を変えなくてはなりません。

多くの人は40代までは、会社中心の生活を送ってきたことだろうと思います。しかし50代に入ったら、会社の仕事だけではなく個人の生活にも目を向けなくてはいけません。50代は、ライフスタイルの転換期にあたることを意識しながら、考え方と行動を変えていく必要があります。

食糧事情の改善や医療技術の発達などによって、私たちは昔の人たちと比べて、ずっと長生きができるようになりました。50代といっても、まだまだ生きる時間は長く、今までさまざまな経験をしてきたのですから多くの可能性があります。

その中から自分に合ったもの、自分がしたいと考えることに挑戦してみてはどうでしょうか。自分の人生を棚卸ししてみて、どんな小さなことでもいいから選択してみてください。

最後に、この本を作るにあたり講談社の新井公之さんと長谷川敦さんにお世話になりました。感謝の言葉を贈りつつ筆を置きます。

佐々木常夫

佐々木常夫（ささき つねお）
1969年東京大学経済学部卒業、同年東レ入社。自閉症の長男を含め3人の子どもをもつ。しばしば問題を起こす長男の世話、加えて肝臓病とうつ病を患った妻を抱え多難な家庭生活。一方、会社では大阪・東京と6度の転勤、破綻会社の再建やさまざまな事業改革など多忙を極め、そうした仕事にも全力で取り組む。2001年取締役、2003年東レ経営研究所社長となる。2010年より（株）佐々木常夫マネージメント・リサーチ代表。何度かの事業改革の実行や3代の社長に仕えた経験から独特の経営観をもち、現在経営者育成のプログラムの講師などを務める。社外業務としては内閣府の男女共同参画会議議員、大阪大学招聘教授などの公職を歴任。著書に『完全版 ビッグツリー』『そうか、君は課長になったのか。』『働く君に贈る25の言葉』（以上WAVE出版）、『ビジネスマンに贈る 生きる「論語」』（文藝春秋）、『それでもなお生きる』（河出書房新社）、『それでも、人を愛しなさい』（あさ出版）、『実践7つの習慣』（PHP研究所）などがある。

人生《じんせい》の折《お》り返《かえ》し点《てん》を迎《むか》えるあなたに贈《おく》る25の言葉《ことば》

2015年10月27日 第1刷発行

著者 佐々木常夫《ささきつねお》
発行者 鈴木 哲
発行所 株式会社 講談社
〒112-8001
東京都文京区音羽2-12-21
電話 編集 03-5395-3522
販売 03-5395-4415
業務 03-5395-3615
印刷所 慶昌堂印刷株式会社
製本所 株式会社国宝社

ISBN978-4-06-219842-4